NANSEN & PICCARD

ZEHNTAUSEND JAHRE SEX

~

Illustrationen

Jörg Dommel

ecoWIN

Das für dieses Buch verwendete FSC®-zertifizierte Papier
EOS lieferte Salzer, St. Pölten.

Sämtliche Angaben in diesem Werk erfolgen trotz sorgfältiger
Bearbeitung ohne Gewähr. Eine Haftung der Autoren bzw.
Herausgeber und des Verlages ist ausgeschlossen.

© 2016 Ecowin Verlag bei Benevento Publishing,
eine Marke der Red Bull Media House GmbH, Wals bei Salzburg

Medieninhaber, Verleger und Herausgeber:
Red Bull Media House GmbH
Oberst-Lepperdinger-Straße 11–15
5071 Wals bei Salzburg, Österreich

Druck und Bindung
Buch.Bücher Theiss, www.theiss.at

Layout und Satz
Daniel Pietsch, www.danielpietsch.com

Printed in Austria
ISBN 978-3-7110-0098-9

1 2 3 4 5 6 7 8 / 19 18 17 16

INHALT

n. Chr.

~

n. Chr.

~

~

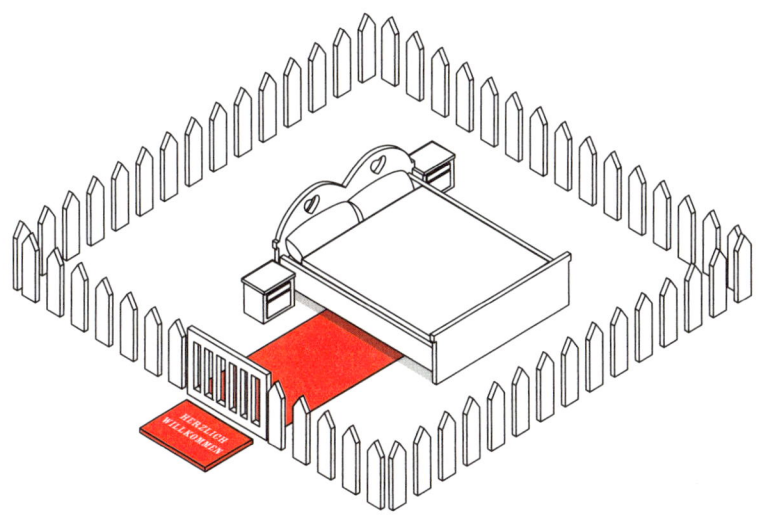

DIE ERFINDUNG DER EROTIK

~

Zwei Menschen, eine Umarmung, so inniglich, dass die beiden Körper fast zu verschmelzen scheinen. Die eine Person sitzt auf dem Schoß der anderen, hat die Beine eng um die Hüften des Partners gelegt, beide halten sich fest an den Schultern. Bei der Skulptur, die unter dem Namen die *Die Liebenden von Ain Sakhri* bekannt ist, handelt es sich eigentlich nur um einen zehn Zentimeter großen Calcit-Klumpen, den ein unbekannter Künstler vor langer Zeit in der Wüste von Judäa aufgeklaubt und mit einem harten Werkzeug bearbeitet hat. Gleichzeitig kann man das Werk nicht betrachten, ohne sich zu fragen, wann man eigentlich selbst das letzte Mal so in den Arm genommen wurde.

Die Liebenden von Ain Sakhri gelten als die älteste bekannte Darstellung des menschlichen Geschlechtsakts. Der Künstler, ein Vertreter der Natufien-Kultur, machte sich vor rund 10 000 Jahren ans Werk – und offenbar viele Gedanken. Die kleine Skulptur ist ein vielseitiges Sexobjekt. Blickt man von oben auf den Stein, sieht man kein Liebespaar mehr, sondern zwei Brüste. Auf der Unterseite ist eine Vulva zu erkennen, auf der Rückseite ziemlich eindeutig ein erigierter Penis.

Die erotische Plastik ist das Produkt einer Zeit, in der die Menschheit einen entscheidenden Schritt in ihrer Entwicklung machte: den der neolithischen Revolution. Damals begannen Menschen in verschiedenen Regionen, ihren Lifestyle fundamental zu ändern: Sie jagten Tiere nicht mehr nur, sondern zähmten sie, sie sammelten Getreide nicht mehr, sondern bauten es auf Feldern an, sie errichteten Zäune, Vorratskammern und Siedlungen. Dieser Prozess zog sich über Jahrtausende hin, um das Jahr 8000 vor Christus war er im Nahen Osten, aber auch in Süd- und Zentraleuropa sowie in weiten Teilen Asiens und Afrikas abgeschlossen. Es ist der Beginn der menschlichen Kulturgeschichte. Und damit auch der Beginn der schrecklich schönen, verwirrenden, chaotischen Sache, die wir Sexualität nennen. Und die mehr ist als: nur Sex.

Es gibt Steinfiguren, die nackte Frauen mit großen Brüsten und runden Hüften zeigen, und die mehr als doppelt so alt sind wie die *Liebenden*. Aber diesen Skulpturen fehlt das sinnliche Element, sie feiern nicht den Liebesakt, sondern das Überleben der Spezies und die weibliche Fruchtbarkeit, sie stellen die Übermutter dar, die Göttin, die Leben schenkt. Vor der neolithischen Revolution hatten sich die Menschen wohl eher beiläufig und triebhaft fortgepflanzt. Durchaus möglich, dass sie gar nicht wussten, dass Geschlechtsverkehr und Fortpflanzung zusammengehören. Höhere Mächte sorgten dafür, dass eine Frau schwanger wurde: die Sonne, der Mond, der Vulkan am Horizont. Nachdem sich die Menschen niedergelassen hatten, war da auf einmal mehr Zeit, die Welt zu beobachten und zu verstehen. Womöglich führte erst die Haustierhaltung auf dem Hof dazu, dass die Menschen erkannten, was passiert, wenn sich zwei Lebewesen paaren.

Die neolithische Revolution brachte außerdem die Idee des Privateigentums hervor. Zum ersten Mal in der Geschichte besaß eine Einzelperson ein Haus, ein Stück Land, Vieh, das darauf weidete. Wenn nun der Besitzer starb, erschien es naheliegend, dass die Reichtümer an die Kinder weitergegeben wurden. Dafür musste man allerdings erst mal wissen, wer die eigenen Kinder sind. Das machte die Monogamie attraktiv, eine feste Beziehung zwischen Mann und Frau. Diesen Einstellungswandel kann man in der Kunst nachverfolgen. Die alten Muttergöttinnen, die Fruchtbarkeit spendeten, wurden von Vatergottheiten verdrängt, die misstrauisch über Frau, Kinder und Hof wachten.

Sex bekam eine völlig neue Bedeutung. Er stand nun für Macht und deren Bedrohung, für das individuelle Leben und in gewisser Weise auch für einen

Triumph über den Tod. Man konnte Kinder zeugen, die wieder Kinder bekamen, und so gewissermaßen unsterblich werden. Aber Sexualität war auch gefährlich. Ein illegitimes Kind etwa bedrohte den Fortbestand des Stammbaums, Untreue galt als Schande. Es ist deshalb nur logisch, dass die Sexualität ab dieser Zeit immer stärker überwacht wurde. So wie man einen Zaun um Hof und Garten zog, wurden nun Grenzen und Regeln für das Bett formuliert.

Das alles hat den Sexualtrieb des Menschen nicht lahmgelegt, sondern erst so richtig angestachelt. Unsere Vorfahren beschäftigten sich immer manischer mit ihrer Sexualität, sie verehrten Sexgöttinnen (Erotischer Karneval im Zweistromland, S. 19), erstellten ein Archiv der besten Sexstellungen (Die ersten Liebesakrobaten, S. 55), erfanden Anti-Spermizide (Das Nilkrododil und das erste Verhütungsmittel, S. 17), hielten Schönheitswettbewerbe ab (Griechenland wählt die Miss Po, S. 53) und gründeten Peitsch-Bordelle (Die Königin des Schmerzes, S. 121). Sex wurde gefeiert und verdammt. Er inspirierte Kunstwerke und löste Kriege aus. So wurde die Sexualität zu dem, was sie bis heute ist: das Interessanteste, was Menschen sich nur denken können.

Und wenn man *Die Liebenden von Ain Sakhri* betrachtet, kann man die Gefühle erahnen, die in dem Künstler während der Arbeit tobten. Vor 10 000 Jahren.

GÖTTIN SCHWANZKOPF

~

Gab es vor langer Zeit eine Kultur, in der die Frauen »schwanzgesteuert« waren, also: triebhaft, impulsiv, liebeskrank, unersättlich? Die etwa zehn Zentimeter großen Tonfiguren, die in der Nähe der nordgriechischen Stadt Nea Nikomedeia entdeckt wurden, sind 8000 Jahre alt und stellen kräftige Frauen mit kleinen Brüsten und einem sehr breiten Becken dar, die ihre Arme vor der Brust verschränken. Die Details der Figuren sind bemerkenswert. Noch bemerkenswerter aber ist, dass einige der Kultfiguren einen erigierten Penis auf den Schultern tragen, zum Teil mit beschnittener Vorhaut und deutlich erkennbarem Harnloch.

Warum nur?

Man weiß nicht, welchem Volk die etwa 500 Menschen angehörten, die damals in der Siedlung lebten, wie sie genau aussahen oder welche Sprache sie sprachen. Aber man weiß, was ihnen heilig war. Die einfachen, quadratischen Holzhütten gruppierten sich um einen zwölf mal zwölf Meter großen Schrein, der auch als Vorratskammer gedient haben könnte. Neben Werkzeugen wie Klingen, Äxten und Spindeln fand man in dem Zentralgebäude auch besagte Tonfiguren (und kleine, bunte Kröten aus demselben Material).

Ähnliche Zwitterfiguren – halb Frau, halb Penis – tauchten im sechsten vorchristlichen Jahrtausend überall in Südosteuropa und Anatolien auf. Archäologische Untersuchungen ergaben, dass der Körper und der Phalluskopf separat hergestellt und vielleicht erst während eines Rituals zusammengesteckt wurden.

Der Mensch hat zu allen Zeiten naturalistische Darstellungen von Geschlechtsteilen gebastelt. Erigierte Penisse aus Stein und Ton sind sowohl aus der Steinzeit wie aus dem antiken Rom (Der Gott des Ständers, S. 50) erhalten und sollten wohl die Stärke und Potenz des Mannes verherrlichen. Es gibt Archäologen, die vermuten, dass sie auch als Sexspielzeug eingesetzt wurden. War das auch der Zweck der lang gezogenen, explizit gestalteten Figuren? Waren die Statuen eine Mischung aus Götze und Dildo?

Einige archaische Mythen versuchen zu erklären, wie die beiden Geschlechter entstanden sind, warum sich die Menschen zwar zueinander hingezogen fühlen, aber doch nie eins werden. Platon, der viele Tausend Jahre nach den Künstlern von Nea Nikomedeia in Griechenland lebte, erfand zum Beispiel die Legende vom Kugelmenschen, der vier Arme, vier Beine und einen rundlichen Rumpf hatte, und außerdem weibliche und männliche Attribute vereinte. Die Kugelmenschen fühlten sich so wohl und sicher, dass sie die Götter angreifen und stürzen wollten. Zeus verhinderte den Putsch, indem er die androgynen Kugelwesen in Mann und Frau zerteilte – die Sehnsucht nach dem ganzheitlichen Urzustand ist laut Platon die Quelle der erotischen Liebe.

Vielleicht bastelten sich die Menschen von Nea Nikomedeia also ihre eigenen Kugelwesen und versuchten, die beiden Geschlechter mit Wasser und Lehm wieder zusammenzufügen. Allerdings handelte es sich um eine höchst ungleiche Fusion. Die Frau stellte den gesamten Körper, vom Mann wurde nur das Geschlechtsteil verwendet. Aber warum wurde der Phallus ausgerechnet anstelle des Kopfes angebracht? Der Künstler war vermutlich doch ein Mann.

2200 v. Chr.

INTIMRASUR IM ALTEN ÄGYPTEN

~

Der ägyptische Arzt Anchmahor muss ein misstrauischer und penibler Mensch gewesen sein. Selbst der Tod konnte seine maßlose Kontrollwut nicht bremsen. Anchmahor gab genaue Anweisungen, wie er bestattet werden wollte. Damit das keiner vergaß, ließ er sie in die Wände seiner Grabkammer in der Totenstadt Sakkara hauen. Besonders wichtig war dem Arzt, der vermutlich im 23. Jahrhundert vor Christus lebte, die Körperhygiene der Nachgeborenen. In Wort und Bild ermahnte er die Totenpriester, sich vor seiner Beerdigung rituell zu waschen und drohte jedem Ungehorsamen mit drastischen Maßnahmen: »Ich werde seinen Hals packen wie den eines Vogels.«

Anchmahor war, ganz Kind seiner Zeit, auch ein großer Fan der Intimrasur. Auf zwei Piktogrammen ließ er festhalten, wie diese genau abzulaufen habe: Zwei Barbiere versorgen einen dritten Mann. Während der eine den Kunden von hinten an den Schultern festhält, hockt sein Kollege vor dessen Schritt, zieht die Haut über einem Hoden glatt und die Klinge darüber. Als medizinischer Fachmann, der ein Leben lang gegen Krankheiten und Verletzungen gekämpft hatte, mahnte Anchmahor die Barbiere auf einer Beschriftung zur Vorsicht: »Halte ihn und vermeide das Bestoßen seines Hodens!« Haare auf der Brust, unter den Achseln oder im Schambereich galten damals als »innere Ausscheidungen« und unrein – die Menschen ekelten sich davor. Besonders Priester hatten darauf zu achten, sich regelmäßig und am ganzen Körper zu rasieren. Die Schamhaarrasur hatte also vor allem religiöse Gründe. Allerdings waren damals die Sphären der Sexualität und der Spiritualität nicht strikt getrennt. Gottheiten wie Osiris oder Isis hatten kein klar definiertes Geschlecht, zeugten der Legende nach Kinder und waren echte Sexgötter (Der Pharao trägt Frauenkleider, S. 23). Und in den Tempeln arbeiteten nicht nur Priester, sondern auch Prostituierte (Erotischer Karneval im Zweistromland, S. 19).

Es ist auch gut möglich, dass die Menschen die Körperhaare nicht nur aus moralischen Gründen entfernten, sondern die glatt rasierte Haut an Brust und Unterleib auch schön und verführerisch fanden. Und vielleicht galt das Rasurritual auch als angenehm und luxuriös. Eine illustrierte Handlungsanweisung, die in vielen Grabkammern aus jener Epoche und natürlich auch in Anchmahors letzter Ruhestätte zu finden ist, zeigt die Details einer gelungenen Intimrasur: Der Barbier strafft die Haut im Schambereich eines Priesters, indem er dessen Penis mit der Hand umfasst und daran zieht. Den Kopf hält er dabei gesenkt, als wolle er ganz genau hinsehen. Es ist eine seltsam zärtliche Geste. Der Mann, der rasiert wird, sitzt entspannt da, der Ausdruck auf seinem Gesicht ist nicht zu erkennen.

DIE SEXPROGNOSEN
DER SUMERER

~

Frauen sind am schönsten, wenn sie nackt sind; man kann sie gar nicht lang genug anschauen. Dieser Meinung war man im Sumerer-Reich. Auf einer etwa 4000 Jahre alten Tontafel aus Mesopotamien findet sich die Weissagung: »Wenn ein Mann ständig die Vagina seiner Frau anstarrt, so wird sein Wohlbefinden gut sein; er wird seine Hand auf Dinge legen, die nicht die Seinigen sind.« Mehr als 100 solcher Sexprophezeiungen sind überliefert. Die Sumerer hatten um 3300 vor Christus die Schrift erfunden, nutzten sie aber nicht nur, um Ernteerträge, die verschiedenen Posten des Staatshaushalts und Kreditzinsen fein säuberlich in Tabellen festzuhalten, sondern schrieben auch über die wirklich wichtigen Dinge des Lebens.

Abergläubische Menschen glauben an die verrücktesten Omen und Zeichen: dass Menschen, deren Beruf es ist, Abluftwege zu reinigen, auch Leuten Glück bringen, deren Heizung einwandfrei funktioniert. Dass man vierblättrige Exemplare von *Trifolium pratense* suchen, eine schwarze *Felis silvestris catus* hingegen meiden soll (zumindest, wenn sie von links kommt). Bei den Sumerern galt halt Sex als schicksalshafte Kraft, die über Wohl und Wehe entschied. Es ging nicht darum, in den Armen des Partners die Alltagssorgen kurz zu vergessen und ganz im Moment zu leben. Im Gegenteil. Das Sexleben entschied über das gesamte weitere Leben! Ein Vulva-Voyeur machte also alles richtig. Weil er männlich-dominant und besitzergreifend auftrat, konnte er sich gute Chancen ausrechnen, die Hand auf Dinge zu legen, die nicht ihm gehörten – also seinen Besitz zu mehren. Im Schlafzimmer lauerten jedoch auch viele Gefahren und Fallstricke, die einen ins Unglück stürzen konnten: »Wenn ein Mann seine Frau veranlasst, seinen Penis immer wieder zu ergreifen, so ist er unrein; sein Gott wird seine Gebete nicht erhören.«

Die Analyse der sumerischen Sexprophezeiungen bringt nicht nur manch ominöses Gesetz zutage, sondern gibt Hinweise darauf, wie das Sexleben in Mesopotamien aussah; welche Praktiken gebräuchlich waren, was verboten war und was erlaubt. »Wenn ein Mann sexuellen Verkehr mit einem Lustknaben hat, so wird Mühsal von ihm losgebunden sein«, heißt es auf einer Tontafel, deren Verfasser offenbar weder mit Homosexualität noch mit Prostitution ein grundsätzliches Problem hatte. Eine weitere Prophezeiung besagte: »Wenn ein Mann anal mit einem Gleichgestellten verkehrt, wird dieser Bürger unter seinen Brüdern und Hausgenossen die erste Stellung einnehmen.«

In Sumer war Analsex also erstrebenswerter als ein Handjob. Die Tontafeln verraten leider nicht, warum ihre Schöpfer diese Ansicht vertraten. Was sie verraten, ist, dass sich die Schöpfer dieser Prognosen besonders für die männliche Ejakulation interessierten, die auffällig oft in den Weissagungen thematisiert wurde – der Orgasmus als Orakel. Ein namenloser Prophet glaubte zum Beispiel: »Wenn ein Mann mit einer Frau im Bett spricht und dann vom Bett aufsteht und masturbiert, so wird dieser Mann Glück und Freude über sich bringen. Wo immer er geht, werden alle mit ihm einverstanden sein; er wird stets sein Ziel erreichen.«

DAS NILKROKODIL UND DAS ERSTE VERHÜTUNGSMITTEL

~

Die Packungsbeilage war zugegebenermaßen ein wenig kompliziert formuliert: »Du sollst sie beräuchern mit Samenkorn des Emmer an ihrer Gebärmutter, damit sie nicht zulässt, dass sie ihr männliches Glied empfängt. Dann sollst du ihr ein Heilmittel geben, um ihn, den Samen, zu lösen: Öl, Sellerie, süßes Bier werde gekocht und getrunken an vier Morgenden.« Der ärztliche Ratschlag wurde um 1850 vor Christus auf den *Papyrus Ebers* gekritzelt, der nach seinem Entdecker, dem deutschen Ägyptologen Georg Moritz Ebers, benannt ist. Die Gebärmutter zu räuchern, klingt zunächst nach einem drastischen Eingriff, aber vermutlich setzte sich die Patientin einfach über eine Schale mit angeröstetem Emmer, einer Weizenart. Auf dem Papyrus wurde auch der Zweck der Prozedur vermerkt: »Veranlassen, dass eine Frau aufhört, schwanger zu werden für die Dauer von einem Jahr, von zwei Jahren oder von drei Jahren.«

Ägypten war in der Antike das Forschungszentrum der Medizin. Hippokrates schrieb fleißig aus ägyptischen Lehrbüchern ab. Man kannte sogar schon eine medizinische Spezialisierung, es gab etwa Fachärzte für Innere Medizin, der Internist des Pharao führte den Titel »Hüter des königlichen Darmausgangs«. Die Ägypter schienten Knochenbrüche und verwendeten Zehenprothesen. Auf 13 medizinischen Papyri finden sich neben Beschwörungen gegen Schnupfen und einigen Medikamenten, die Götter angeblich zu sich nahmen, wenn sie sich doch mal schwach fühlten, mehr als 2000 detailliert beschriebene Rezepturen und Therapien. Die Empfängnisverhütung nimmt dabei einen großen Raum ein.

Die Ägypter waren sich der Mühen einer Schwangerschaft und dem Armutsrisiko, in das Familien mit sehr vielen Kindern geraten konnten, bewusst. Es gab nicht nur verschiedene Verhütungsmethoden, auch das Interesse an Sexspielarten ohne Schwangerschaftsrisiko war groß. Die älteste Beschreibung von Oralsex (Der Kaiser des Cunnilingus, S. 46) entstammt der ägyptischen Mythologie. Der Legende nach wurde der Gott Osiris von seinem Bruder Seth ermordet und zerstückelt. Isis, die sowohl die Schwester von Osiris war als auch seine Frau, sammelte die

Einzelteile ihres Gatten ein und setzte sie wieder zusammen. Weil sie den Penis nicht finden konnte, baute sie eine Prothese aus Lehm, setzte sie an den Körper und saugte dann so lang daran, bis Osiris zum Leben erwachte.

Die auf dem *Papyrus Ebers* geschilderte Behandlung aus Rauch und Bier war nach heutigem Erkenntnisstand nicht erfolgreich. Auf einem weiteren Papyrus findet sich der Tipp: »Der Kot des Krokodils wird zerstoßen in gegorenem Pflanzenschleim.« Diese Rezeptur war aber wohl tatsächlich wirksam. Aus der Kot-Schleim-Mischung wurde ein Zäpfchen gefertigt, das den pH-Wert der Vagina heruntersetzte – und so die Spermien abtötete.

1500 v. Chr.

EROTISCHER KARNEVAL IM ZWEISTROMLAND

~

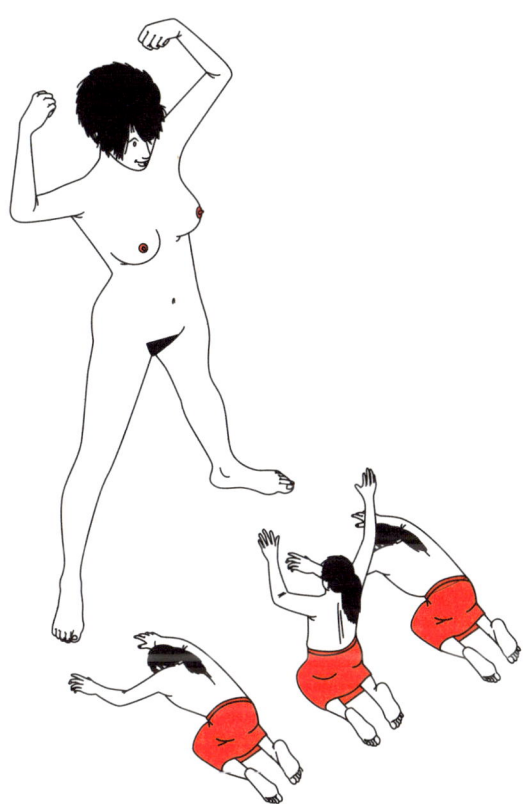

Als die Zwergenpriester vor die Menge traten, stieg die Spannung im Tempelraum ins Unermessliche. Die klein gewachsenen Männer trugen bunte Gewänder und schwenkten Spindeln durch die Luft. Ein Startschuss: Die Regeln änderten sich, die Travestie begann. Die Männer, die sich auf der linken Seite des Tempels aufgestellt hatten, steckten sich Spangen und Kämme ins Haar und schmückten

sich mit Muschelketten. Ein paar Männer nahmen kleine Musikinstrumente in die Hände, die sonst Frauen vorbehalten waren. Einige andere begnügten sich mit einem Stück Seife. Die Frauen zogen Männerkleider an, trugen Krummstäbe, Schleudern und Keulensteine. Unter Gebrüll verließ die Transvestiten-Prozession den Tempel und zog hinaus in die Stadt.

Einmal im Jahr feierten die Bürger von Uruk, der damals größten Stadt der Welt, diesen Karneval, in dem die Geschlechter die Rollen tauschten. Auf einer Tontafel, die aus der Mitte des zweiten Jahrtausends vor Christus stammt, wurde der genaue Ablauf des Rituals festgehalten. Mit dem Fest und dem Kleidertausch sollte Inanna geehrt werden, die Göttin der Sexualität und des Krieges, die sowohl weibliche als auch männliche Charaktereigenschaften aufwies. Bei einem großen Glas Bier hatte sie der Weisheitsgott Enki als »Höchste unter den Himmelsgöttern« bezeichnet. »Ihr Spiel ist der Kampf, das Niedermähen der Helden«, so hieß es. Als Schoßhund hielt sie sich einen Löwen.

Ein Mann, der nicht mit Inanna ins Bett wollte, riskierte den Tod. Wer ihr aber zu Willen war, konnte durchaus eine gute Zeit erleben und auch auf ihre Dankbarkeit zählen. »Mein heftiger und ungestümer Liebkoser des Nabels / Mein Liebkoser der weichen Schenkel«, so rühmte Inanna in einem Mythos ihren Liebhaber. »Der Hirte Dumuzi füllte meinen Schoß mit Sahne und Milch / Er streichelte mein Schamhaar / Er wässerte meinen Schoß / Er legte seine Hände auf meine heilige Vulva.«

Im Zweistromland, der Region zwischen Euphrat und Tigris, in der sich die ältesten Wurzeln der Zivilisation finden, organisierten die Priester die Verwaltung der Stadt, trieben Steuern ein und betrieben in den Tempelanlagen, die Inanna geweiht waren, Bordelle. Moralisch verwerflich fand das niemand. Sex war ein Dienst an der obersten Göttin – auch Inanna scheint gelegentlich als Prostituierte gearbeitet zu haben. Der jährliche Karneval zu ihren Ehren endete übrigens immer mit einem wilden Besäufnis. Und alles spricht dafür, dass sich alle Beteiligten ihre Verkleidungen gegenseitig ziemlich schnell vom Leib rissen.

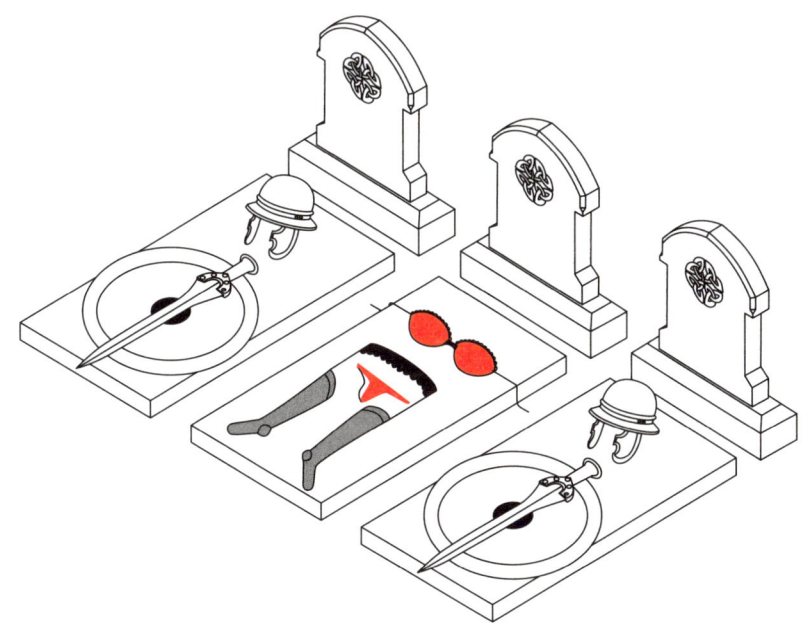

REIZWÄSCHE IN DER BRONZEZEIT

~

Das *Mädchen von Egtved* war etwa 1,60 Meter groß und trug die braunen Haare an Stirn und Seiten kurz, im Nacken etwas länger. Die junge Frau liebte Schmuck und fand offenbar auch Gefallen daran, den Männern den Kopf zu verdrehen. Ihr Lieblingskleid war ein Rock, der knapp über den Knien endete und aus feinen, senkrecht angeordneten Schnüren bestand, die nur durch einen Gürtel an der Hüfte zusammengehalten wurden. Der Rock war nicht nur ziemlich kurz, sondern außerdem fast durchsichtig, weil die dünnen Fäden, wenn sie lief, wild um ihre Schenkel wirbelten. Unterwäsche war damals nicht gebräuchlich. Neben dem aufreizenden Rock trug das Mädchen eine kurzärmelige Bluse, eine Gürtelschnalle, die mit astronomischen Symbolen verziert war, zwei Armreife und edle Ohrringe.

Man weiß das alles, weil das *Mädchen von Egtved*, wie es Archäologen nennen, vor über 3400 Jahren in einem hohlen Baumstamm im heutigen Norddänemark beerdigt wurde (Egtved heißt ein Ort in der Nähe der Grabstätte). Das Mikroklima in dem Bio-Sarg war so vorteilhaft, dass nicht nur Skelett und Grabbeigaben erhalten waren, sondern auch die exotische, seltsam moderne Kleidung, an der Blütenpollen der Schafgarbe hafteten. Die junge Frau starb also im Sommer. Es muss recht heiß gewesen sein, damals in Jütland.

Eigentlich fertigten die Menschen der frühen Bronzezeit auf ihren Webstühlen dichte, warme Stoffe, die sie zu züchtiger Funktionskleidung verarbeiteten. Das Outfit des *Mädchens von Egtved* ist einzigartig. Die bronzene Sonnenscheibe, die sie an der Hüfte trug, und der Minirock gelten als Indiz dafür, dass sie die Sonnenpriesterin eines nordischen Kults war – der extravagante Look als Zeichen einer spirituell-sexuellen Sonderstellung. Es kann aber natürlich auch sein, dass die junge Frau den Reiz-Rock erfand, weil sie verstanden hatte, dass reine Nacktheit weniger verführerisch ist als ein kleines Geheimnis. Vielleicht verhüllte sie sich, um sich zu enthüllen. Das Schnittmuster lenkt das Blickmuster.

Auf jeden Fall war sie nicht so spärlich angezogen, weil sie unter Armut litt. Die prächtigen und reichhaltigen Grabbeigaben legen nahe, dass sie die Gattin eines reichen und mächtigen Mannes war. Aber ihr Grab verrät nicht jedes ihrer Geheimnisse. Das *Mädchen von Egtved* wird eine mysteriöse Figur der europäischen Frühgeschichte bleiben. Aber das ist ja auch ein bisschen sexy.

So exotisch und fremd, wie sie uns heute erscheint, wirkte die Frau womöglich auch auf ihre Zeitgenossen. Die Analyse von Haaren, Fingernägeln und Zähnen ergab, dass sie nicht aus Jütland stammte, sondern aus dem Schwarzwald. Es ist gut möglich, dass das Mädchen mit einem Mann aus Jütland vermählt worden war, um ein Bündnis zwischen zwei mächtigen Clans zu schmieden. Die molekularen Spuren in ihren Knochen verraten sogar, dass die junge Frau noch einmal in ihre alte Heimat reiste, dort einige Monate verbrachte und dann wieder nach Egtved zurückkehrte. Dort starb sie nur wenige Wochen später, sie wurde nicht einmal 18 Jahre alt.

DER PHARAO TRÄGT
FRAUENKLEIDER

~

Echnaton kam schon seinen Zeitgenossen irgendwie verzaubert vor. Der Pharao, der ab 1350 vor Christus am Nil herrschte, sei von den Sternen gekommen, raunte das Volk, die Götter hätten einen der ihren hinab auf die Erde geschickt. Die erhaltenen Steinbüsten von Echnaton zeigen tatsächlich eine auffällige Physiognomie, große Augen und einen schmalen, länglichen Schädel, der Betrachter in allen Jahrhunderten faszinierte. In dem historischen Roman *Joseph und seine Brüder* schrieb Thomas Mann über Echnaton: »So war eine Mischung schmerzlich verwickelter Geistigkeit und Sinnlichkeit in diesem Gesicht – auf der Stufe des Knabenhaften und vermutlich sogar des zu Übermut und Ausgelassenheit geneigten. Hübsch und schön war es mitnichten, aber von beunruhigender Anziehungskraft.«

Die Beunruhigung der Betrachter rührte auch daher, dass Echnaton verwirrend geschlechtslos aussah. Er hatte feine Gesichtszüge, volle Lippen und sanft geschwungene Augen. Und während sich andere Herrscher als mächtige Krieger mit großen Muskeln inszenierten, zeigen Statuen und Porträts den Pharao als feingliedrigen, schlanken Mann, dessen Bauch sich wie bei einer frühen Schwangerschaft wölbt. Echnaton war kein Alien, sondern der Urvater des Androgynen, Begründer des Glam. Auf mehreren Abbildungen, die ihn mit seiner legendär schönen Ehefrau Nofretete zeigen, sehen sich die beiden zum Verwechseln ähnlich.

Die Auflösung der Geschlechtergrenzen hatte auch einen religiösen und damit machtpolitischen Hintergrund. Zu Beginn seiner 16-jährigen Herrschaft erkor Echnaton den Sonnengott Aton zum obersten und einzig bestimmenden göttlichen Wesen. Bis zu diesem Zeitpunkt hatte es in der ägyptischen Glaubenswelt viele Gottheiten und Fabelwesen mit unterschiedlichen Aufgaben und beiderlei Geschlechts gegeben, nun aber ließ Echnaton deren Tempel schließen, jagte die Priester davon und konfiszierte die Schätze und Reichtümer. Der Aton-Kult, der als erste monotheistische Religion gilt, verehrte die Sonne selbst, welche die Welt mit ihrem Licht und ihrer Wärme zum Leben erweckte. Aton war weder Mann noch Frau und wurde als Sonnenscheibe dargestellt, deren Strahlen in die Form menschlicher Hände ausliefen.

Die geschlechtslose Gottheit hatte ebenfalls Einfluss auf die Mode der damaligen Zeit. Zumindest die Oberschicht imitierte den androgynen Look des Pharao. Männer und Frauen glichen sich immer mehr an. Beide Geschlechter schminkten sich, trugen Parfüm, Schmuck und Perücken. Gerade die ebenso künstliche wie kunstvolle Haarpracht spielte im Liebesspiel eine große Rolle – die Perücke als eine Art Reizwäsche (Reizwäsche in der Bronzezeit, S. 21).

DAS ALTÄGYPTISCHE LIEBESBIER

~

Der falkenköpfige Gott Re war wütend. Das ägyptische Volk verhielt sich mal wieder nicht so, wie er es wollte. Um die sterblichen Würmer zu bestrafen, schickte Re seine Tochter Hathor auf die Erde, die ein Massaker in Ägypten anrichtete und Tausende tötete. Als seine blutrünstige Tochter, in die Re verliebt war und mit der er bereits Ihi, den Gott der Musik, gezeugt hatte, am Abend zurückkehrte, wurde der Sonnengott von Schuldgefühlen und Zukunftsängsten geplagt. Denn Re wusste, dass es, wenn er Hathor nicht aufhielt, bald gar keine Menschen mehr geben würde, die ihn anbeteten. Er wies seine Dienerinnen an, ein besonderes, blutrotes Bier zu brauen und dabei mit einer speziellen Zutat nicht zu sparen: Alraunenwurzeln.

Dieser Mythos entstammt dem Buch von der Himmelskuh und findet sich unter anderem auf dem Grabmal von König Sethos I., der im Jahr 1279 vor Christus starb. Dass selbst die allmächtigen Götter mit Alraune experimentierten, zeigt, wie wichtig die Zauberpflanze war. Die Gemeine Alraune oder *Mandragora officinarum* gedeiht im gesamten Mittelmeerraum und in Zentraleuropa, die Blüten sehen aus wie Veilchen, die aromatischen Früchte wie kleine Tomaten. Das Nachtschattengewächs enthält mehrere berauschende Alkaloide wie Scopolamin oder Atropin. In hohen Mengen lösen diese Substanzen schwere Halluzinationen aus. In einer geringeren Dosis wirken die Stoffe anregend, enthemmend und erotisierend. Die Alraune war über Jahrtausende das gebräuchlichste Aphrodisiakum. Im Alten Testament werden die Früchte als »Liebesäpfel« erwähnt, griechische Ärzte schworen auf sie, den Ägyptern war die Pflanze heilig. Auf einem Relief in Memphis aus dem 14. Jahrhundert vor Christus sieht man den jungen Pharao Smenchkare, der von seiner Gattin Meritaton einen Bund Alraunenfrüchte überreicht bekommt – die Liebesdroge als Symbol für den bevorstehenden Geschlechtsakt.

Und auch bei der blutrünstigen Hathor zeigte die Alraune ihre Wirkung. Als die Göttin, so erzählt es der Mythos, am folgenden Tag weitermorden wollte, entdeckte sie in der Wüste einen großen, roten See. »Blut!«, dachte sie und trank, so viel sie konnte. Tatsächlich handelte es sich bei der Flüssigkeit um das Alraunenbier, das Res Dienerinnen verschüttet hatten. Hathor fiel in einen tiefen Schlaf. Als sie wieder nüchtern erwachte, wollte sie von Gewalt und Rache nichts mehr wissen. Sie kehrte zu ihrem Vater zurück und war fortan als Göttin der Liebe und Lust tätig.

1150 v. Chr.

DAS ERSTE PORNOHEFT

~

Die junge Frau stützt sich auf ein grünes Kissen. Sie möchte es bequem haben, während ihr Liebhaber sie von hinten nimmt. Der Mann zieht am Zopf ihrer Perücke, sie wendet sich um, blickt ihm tief in die Augen und lächelt. Auf dem sogenannten *Papyrus Turin*, der so heißt, weil er im Museo Egizio der norditalienischen Stadt aufbewahrt wird, sind außerdem kleinwüchsige, glatzköpfige

Männer mit riesigen, erigierten Penissen abgebildet, die Frauen im Stehen oder auf einem Stuhl penetrieren oder ihnen Amphoren in die Vagina stecken. Auf einem Bild flüstert eine Frau: »Komm schon, stell dich hinter mich. Ich bereite dir Vergnügen, solange dein Phallus bei mir ist.«

Wer den Papyrus studiert, der etwa 1150 vor Christus in Theben von einem unbekannten Autor gezeichnet wurde, stellt fest, dass man im Reich von Ramses IV. bereits Rollenspiele, Sex-Tools und Bordelle kannte. Das erste Sexheftchen der Geschichte – es ist allerdings unklar, ob es sich dabei um Pornografie, Satire oder ein Dokument für den Sexualkundeunterricht handelt.

Auf einem Bild steht zum Beispiel eine Frau auf einem Streitwagen, der von zwei Mädchen gezogen wird. Sie beugt sich nach vorn, während ein Mann sie von hinten besteigt. Am rechten Arm des Mannes baumelt eine Handrassel, die in Ägypten als Instrument der Verführung und als Symbol der Lustgöttin Hathor galt (Das altägyptische Liebesbier, S. 25). Während ein moderner Porno gerade durch seine Eindeutigkeit besticht und nur zeigt, was passiert, muss man den *Papyrus Turin* decodieren. Vor der Frau auf dem Streitwagen sitzt ein Affe, der kein Statist ist, sondern die erotische Bedeutung der Szene zusätzlich betont. Denn Affen waren in Ägypten das Symbol der weiblichen Sexualität. Warum, weiß man heute nicht mehr – aber was ist schon Sex ohne Geheimnisse?

900 v. Chr.
ONAN ONANIERT NICHT

~

Es gibt angenehmere Dinge als ein Vater-Sohn-Gespräch über Sex. Davon berichtet auch das erste Buch Mose, das um 900 vor Christus entstand. Juda, Sohn des Stammvaters Jakob, rief seinen zweitgeborenen Sohn Onan zu sich und befahl: »Geh zu deines Bruders Frau und nimm sie zur Schwagerehe, auf dass du deinem Bruder Nachkommen schaffest.« Onans älterer Bruder, Er, war nach der Hochzeit mit Tamar verstorben. Nun musste, so sah es der Brauch der sogenannten Schwagerehe vor, der Zweitgeborene dafür sorgen, dass die Stammlinie fortgeführt wird.

Onan war über den Befehl seines Vaters nicht gerade begeistert. In der damaligen Zeit war es aber noch unüblich, sich dem Wunsch der Eltern zu widersetzen. Onan ließ sich also mit Tamar ein, wandte jedoch einen Trick an: »Wenn er einging zu seines Bruders Weib, ließ er's auf die Erde fallen und verderben, auf dass er seinem Bruder keine Nachkommen schaffe.« Er praktizierte also einen Coitus interruptus und spritzte sein Sperma auf den Boden. In der Bibel wird diese Form der Empfängnisverhütung kritisch kommentiert. Tamar hätte das Recht gehabt, Onan zum Ausgleich ins Gesicht zu spucken. Gott selbst zog eine härtere Strafe vor. »Dem HERRN missfiel aber, was er tat, und er ließ ihn auch sterben.« Warum der englische Quacksalber John Marten im 18. Jahrhundert in der Anti-Masturbations-Fibel *Onania* ausgerechnet den cleveren Verhütungsprofi Onan zum Schutzpatron der Wichser machte, ist unklar (Masturbation und Marketing, S. 103). Vielleicht hatte Marten die Bibel nicht genau genug gelesen.

Zur Todesstrafe kam für Onan auch noch die Rufschädigung hinzu. Für Tamar, die nun schon den zweiten Mann verloren und immer noch kein Kind bekommen hatte, ging die Geschichte besser aus. Sie legte einen Schleier an und besuchte ihren Schwiegervater: »Als Juda sie nun sah, meinte er, es wäre eine Hure, denn sie hatte ihr Angesicht verdeckt.« Tamar klärte das Missverständnis nicht auf und ging, nachdem man sich auf einen Ziegenbock als Liebeslohn geeinigt hatte, mit Juda ins Bett. Prompt wurde sie schwanger und brachte Zwillinge zur Welt, von denen unter anderem König David abstammte.

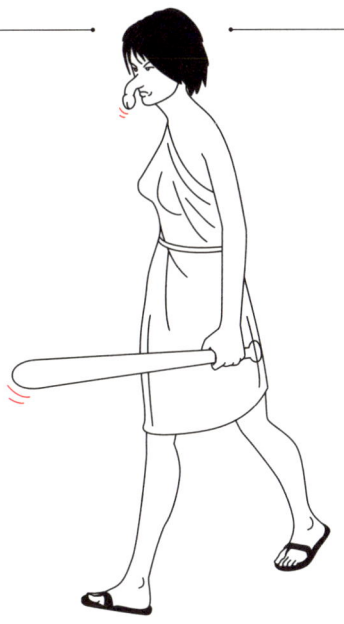

ZEUS UND DIE DOPPELTE GESCHLECHTSUMWANDLUNG

~

Es gibt Fragen, die nicht nur die Menschen seit Anbeginn der Zeit beschäftigen, sondern über welche die Götter selbst nachgrübeln. Zum Beispiel: Wer hat mehr Spaß im Bett? Frauen oder Männer? Der Dichter Hesiod, der vor 2700 Jahren in der griechischen Region Böotien lebte, berichtete, dass sich auch Göttervater Zeus und seine Schwester und Ehefrau Hera mit diesem Rätsel beschäftigten. Während Hera die Meinung vertrat, dass Zeus und die anderen Herren der Schöpfung mehr Spaß beim Sex haben, vermutete ihr Gatte, dass der weibliche Orgasmus wesentlich intensiver sei als der männliche (vielleicht lag das aber auch an seinem übersteigerten sexuellen Selbstbewusstsein; Zeus verwandelte sich, wenn es sein musste, sogar in einen Stier oder einen Schwan, um Sterbliche zu verführen). Bevor das Ganze in einem Ehekrach auf dem Olymp endete, erinnerten sich Zeus und Hera daran, dass es auf der Erde ja einen Menschen gab, der die kontroverse Frage beantworten konnte.

Teiresias, so berichtete Hesiod, war der Sohn des Schäfers Eueres und der Nymphe Chariklo und diente als Priester des Zeus. Eines Tages stieß er bei einer Wanderung auf den Berg Kyllini auf zwei Schlangen, die sich paarten, und tötete das Weibchen mit einem Stockschlag – zur Strafe wurde er in eine Frau verwandelt. Teiresias wechselte in einen Hera-Tempel, gebar ein paar Kinder und arbeitete einigen Quellen zufolge nebenbei sehr erfolgreich als Prostituierte. Sieben Jahre später traf sie dann erneut ein Schlangenpaar, tötete diesmal das männliche Tier – und wurde wieder zum Mann.

Von den Göttern befragt, erklärte Teiresias, dass Frauen im Bett neunmal mehr Spaß hätten als Männer. Hera wurde sehr wütend, weil Teiresias das Geheimnis der Frauen verraten hatte und nahm dem Priester das Augenlicht. Selbst Zeus konnte die Verletzung nicht mehr heilen, verlieh ihm zur Entschädigung aber die Seherkraft und die siebenfache Lebensdauer. Das führte dazu, dass Teiresias in beinahe jedem griechischen Mythos und Theaterstück als händeringender Prophet auftaucht und vor der Zukunft warnt. Ödipus zum Beispiel war auf der Suche nach dem Mörder seines Vaters und erhielt von Teiresias nur die Auskunft, dass er, Ödipus, in Wahrheit den Übeltäter gar nicht zu finden wünsche. Erst viel später erfuhr Ödipus, dass er selbst seinen Vater getötet hatte und verlor den Verstand.

Teiresias liebte rätselhafte Antworten. Er war sich ja vermutlich selbst das größte Rätsel: Warum um Gottes Willen tötete er die zweite, die männliche Schlange und lebte nicht in aller Ruhe als Frau weiter – mit neunmal mehr Spaß im Bett?

591 v. Chr.

DAS MÄDCHENINTERNAT AUF LESBOS

~

Blauer Himmel, blaues Meer, eine wunderschöne Insel in der Ägäis: Im Morgenlicht der griechischen Sonne versammelte Sappho ihre jungen Schülerinnen um sich. Die größte Dichterin der Antike trug lange Locken und war, so heißt es, wunderschön. 591 vor Christus gründete sie auf Lesbos eine berühmte Sängerinnenschule, in der sie die Mädchen in Musik, Tanz, Gesang und Poesie unterrichtete. Außerdem wies sie ihre Schülerinnen in die Kulte der Liebesgöttin Aphrodite und der Behüterin des Hausstandes Hera ein.

Eine Schule, die Frauen zur perfekten Partnerin erzieht, das klingt wie eine leicht fragwürdige Männerfantasie. In Wahrheit lebte Sappho auf der Mittelmeerinsel wohl auch ihre eigenen Fantasien aus. In ihren Gedichten tauchten Männer auf jeden Fall eher selten auf, und wenn, dann nur als lästige, wichtigtuerische Störenfriede, die ihr die schönen Freundinnen streitig machen wollten. Es kann gut sein, dass Sappho ihren Schülerinnen nicht nur beim Tanzunterricht nahekam, sondern auch Affären mit ihnen hatte: »Und dein sehnsuchtserweckendes Lachen, was mein / Herz doch wahrlich arg in der Brust verstört, wenn / schon dein Anblick oft meiner Stimme jeden / Laut gleich verschlug, die / Zunge lähmte und mir die feinen Feuer- / Stiche jagte unter die Haut. Mit beiden / Augen seh ich nichts, und es dröhnt und brandet / dumpf in den Ohren.«

Und weil dieses »sehnsuchtserweckende Lachen« auf der Insel Lesbos erklang, heißt die Liebe zwischen Frauen heute, wie sie heißt.

Sappho wurde für ihren klaren Stil in der Dichtung gefeiert und für ihren moralisch fragwürdigen Lebensstil kritisiert: »Eine sexbesessene Hure, die ihre eigene Liederlichkeit besingt«, schimpfte ein Kritiker. Weil byzantinische Geistliche viele Jahrhunderte später den größten Teil von Sapphos Texten vernichteten, sind von ihren neun Bänden voller erotischer Oden, Hymnen und Elegien nur Fragmente erhalten geblieben. Der Grund für die Abneigung war vermutlich nicht, dass Sappho auf Frauen stand; die Griechen hatten eigentlich kein Problem mit Homosexualität (Spartanische Sugardaddys, S. 36). Für einen Mann war es normal, neben der Ehefrau einen Liebhaber zu haben. Es hätte also niemand gestört, wenn Sappho sich ab und zu mit Frauen eingelassen hätte. Der eigentliche Skandal war, dass die Dichterin in ihrem Werk ganz selbstbewusst ihr Begehren und ihre Fantasien formulierte, was einer Frau damals nicht zustand. Sappho erfand dafür sogar eine eigene Form, die »sapphische Odenstrophe«, die sich durch eine verkürzte Schlusszeile auszeichnet, die nur halb so viele Silben aufweist wie die vorangegangenen Verszeilen. Das revolutionäre Stilmittel transportierte eine revolutionäre Botschaft: Auch Frauen haben ein Recht auf Lust.

SM BEI DEN ETRUSKERN

~

Das Einzige, was gegen die Trauer nach einem Todesfall hilft: sich daran erinnern, was für ein schönes und aufregendes Leben der Verstorbene doch hatte.

Die edel ausgestattete Grabkammer, in der ein unbekannter etruskischer Edelmann bestattet wurde, ist eine 3-D-Traueranzeige. Ein anonymer Künstler des italienischen Volksstammes bemalte die Grabkammer mit Dingen und Aktivitäten, die das Leben zu einem guten und schönen machten. Auf eine Wand der 16 Quadratmeter großen Gruft malte er zwei Faustkämpfer, auf eine andere einen Tänzer und einen Trunkenbold, der seinen Kelch hoch über dem Kopf hält. Und rechts vom Eingang sieht man eine wilde Liebesszene: Eine nackte Frau beugt sich verzückt nach vorn, als wolle sie den vor ihr stehenden Mann oral befriedigen. So präsentiert sie ihren Hintern einem zweiten nackten Mann, der eine Rute oder Peitsche in der Hand hält. Der Mann, den die Frau mit dem Mund befriedigt, trägt Stoffquasten im Haar und ein Lächeln auf den Lippen. Die linke Hand hat er lässig in die Hüfte gestemmt, mit der rechten scheint er seiner Gespielin einen Klaps zu versetzen, und es sieht auch ganz so aus, als würde er dem Betrachter zuzwinkern.

Die sogenannte *Tomba della Fustigazione* (Grab der Züchtigung) stammt aus dem Jahr 590 vor Christus und ist die erste Darstellung von sadomasochistischem Sex überhaupt. Man kann davon ausgehen, dass der Mann, der dort bestattet wurde, kein Barbar war, der sich an Leid und Schmerz anderer Menschen ergötzte. Die Etrusker verstanden schließlich viel vom guten Leben (was man schon daran erkennen kann, dass sie sich im nördlichen Mittelitalien niederließen, also dem Gebiet, das man heute Toskana nennt). Sie tafelten zweimal am Tag opulent, tranken aus silbernen Bechern und ruhten auf Lagern aus Blüten. Ihre Wandgemälde feierten das flüchtige Glück der Sterblichen, den Sport, das ausgelassene Zusammensein, den Sex.

Das Sadomaso-Fresko wirkt wild und roh. Und doch zärtlich und vertraut. Die Etrusker, die ihren Wein mit Milch und Zucker süßten, wussten offenbar, dass man das Liebesspiel von Zeit zu Zeit mit besonderen Zutaten würzen sollte. Auch eine der wichtigsten Spielregeln des SM-Sex, den gegenseitigen Respekt, scheinen sie bereits gekannt zu haben. Die etruskischen Frauen, berichtete jedenfalls indigniert der griechische Geschichtsschreiber Theopompos von Chios um das Jahr 330 vor Christus, definierten sich nicht als Besitz ihres Mannes, sondern seien »äußerst trinkfest« und auch Fremden gegenüber aufgeschlossen. Das Selbstbewusstsein des angeblich schwachen Geschlechts zeigte sich auch darin, dass sie in aller Öffentlichkeit und nackt Sport trieben. Die *Tomba della Fustigazione* war übrigens mit leuchtenden Farben verziert. Keine *Shades of Grey* (Sadismus im Otto-Katalog, S. 188). Nirgends.

540 v. Chr.

DIE EROTISCHE ENERGIE VON HERZOG PING

~

Herzog Ping, Herrscher über den Staat Jin im nordöstlichen China, erhielt eine erschütternde Diagnose von seinem Leibarzt. Im Jahr 540 vor Christus, oder, wie die Chronisten schrieben, gegen Ende des Jahres des Metall-Affen, das Jahr des Metall-Hahns sollte bald beginnen, wurde der Herzog von großer Schwäche geplagt. Der Grund, so der Arzt, war nicht mangelhafte Ernährung oder Schlafmangel, sondern: zu viel Sex! Die Frauen waren im Grunde die einzige Leidenschaft von Herzog Ping, vier Damen standen ihm rund um die Uhr zur Verfügung: »Darf ich mich also nie wieder Frauen nähern?«, fragte Ping entsetzt. Der Arzt erklärte: »Frauen können die männliche Kraft bestärken, das Yang, deswegen sollte man mit den Frauen in der Nacht zusammen sein. Wenn man es aber beim Geschlechtsverkehr übertreibt, entwickelt sich ein innerliches Fieber, das auch den Geist angreift. Sie, Herrscher, aber praktizieren keine Mäßigung im Geschlechtsakt, sie treiben es sogar am helllichten Tag. Wie um alles in der Welt wollen sie es also vermeiden, dass sie krank werden?«

Der Arzt war offenbar ein Anhänger der taoistischen Lehre, die sich in jener Zeit in China entwickelte. Taoisten glauben an den Gegensatz von Yin und Yang, Weiblichkeit und Männlichkeit, Passivität und Aktivität. Darauf aufbauend haben sie eine komplexe Sexuallehre entwickelt. Die Lebensenergie Qi ist demnach sowohl im Vaginalsekret (Yin) als auch im Sperma (Yang) enthalten. Während die Yin-Energie unbegrenzt verfügbar ist, handelt es sich bei der Yang-Energie um eine begrenzte Ressource. Sex ist für Taoisten eine Art Handel: Der Mann nimmt weibliches Yin auf. Und auch die Frau profitiert, weil ihr Yin durch den Liebesakt aufgewühlt wird – besonders beim Orgasmus. Beide laden sich mit Energie auf. Allerdings verlieren Männer mit jeder Ejakulation unwiderruflich ein wenig Yang.

Guter Sex sieht für Taoisten so aus: Die Frau kommt möglichst oft zum Orgasmus, der Mann kommt nur einmal oder – am besten – gar nicht. In dieser Logik ist es eine Sünde, wenn ein Mann masturbiert (Onan onaniert nicht, S. 27), weil er sein Yang verschleudert, ohne Yin aufzunehmen. Frauen, die hier endlich mal die Gewinner einer sexuellen Doktrin sind, dürfen so viel masturbieren, wie sie wollen (auch Analsex und Cunnilingus stimulieren die Yin-Produktion).

Die Taoisten entwickelten deshalb verschiedene Techniken, mit denen Männer den Samenerguss verzögern oder ganz vermeiden konnten. Ein beherzter Fingerdruck auf die Eichel oder den Damm sollte die Ejakulation verhindern. Mit einer Art autogenem Training lernen Anhänger der Lehre, ihre Erregung bewusst zu steuern (Yang sollte man eigentlich nur abgeben, wenn man ein Kind zeugen will). Um nächtliche Samenergüsse zu vermeiden, wurden spezielle Medikamente entwickelt: je vier Gramm gemahlenes Hirschgeweih, Zedernsamen, Teufelszwirn, Breitwegerich, Kreuzblumen, Chinesisches Spaltkörbchen und Boschniakia in etwas Wasser vermengen, oral einnehmen.

Welche Therapie genau Herzog Ping ausprobierte, ist nicht überliefert. Es ist jedoch davon auszugehen, dass er sein Sexleben nach der Diagnose umstellte, denn er überwand die Schwächephase und verstarb erst acht Jahre später in hohem Alter. Sein Tod bedeutet allerdings auch, dass er es nicht zum absoluten Tao-Virtuosen gebracht hat. Denn ein solcher kann durch perfekt ausgeübten Sex angeblich Unsterblichkeit erlangen.

SPARTANISCHE SUGARDADDYS

~

Das schönste Kompliment, das man einem Jungen aus dem griechischen Stadtstaat Sparta machen konnte, war ein gepflegtes Kidnapping. Agesilaos war erst zwölf Jahre alt, er trug keinen Bart und das Haar kurz. Der Feldherr Lysander hatte ein Auge auf den hübschen, zarten Knaben geworfen. Im Schutz der Nacht schlich er sich an den Hof der Familie heran, packte Agesilaos und ritt davon. Die Familie des Jungen verfolgte den Entführer nur halbherzig und stieß einige flaue Flüche aus, ganz so, wie es das Ritual verlangte. Ein echtes Problem wäre nur entstanden, wenn sich ein Mann von geringem Stand oder – noch schlimmer – gar niemand für Agesilaos interessiert und ihn geraubt hätte. Lysander aber war ein hochdekorierter Krieger. Und weil Agesilaos, der aus dem Hause der Eurypontiden, einer der beiden Königsfamilien Spartas, stammte, ebenfalls eine gute Partie darstellte, war alles in bester Ordnung.

Die Liebe zwischen Lysander und Agesilaos hatte einen etwas rauen Auftakt. Es war aber in ganz Griechenland üblich, dass sich ein erwachsener Mann (*Erastes*) einen jungen Liebhaber (*Eromenos*) nimmt. In Sparta hatte diese Beziehungsform eine besondere Bedeutung. In dem Kriegerstaat nahm die Ausbildung des männlichen Nachwuchses zentrale Bedeutung ein und war streng reglementiert. Im Alter von zwölf Jahren wurden Jungen zur Agoge eingezogen, eine Art strenge »Aufzucht«, die die Kinder zu Kampfmaschinen machen sollte. Zugleich wurden die Jungen durch einen erfahrenen Krieger erwählt und entführt. Die Beziehung zwischen den ungleichen Partnern war explizit sexuell. Es herrschte die Idee vor, dass der Samen eines Mannes auch Kampfgeist, Stärke und Mut übertrug. Verhielt sich ein Junge in der Kampfschule unwürdig oder wehleidig, wurde auch sein Mentor bestraft. Das Verhältnis dauerte so lang, bis der junge Mann seine Ausbildung beendet hatte, Bart und Haar wachsen ließ, eine Frau heiratete – und selbst einen *Eromenos* entführte.

Die Bindung zum einstigen Liebhaber und Ziehvater blieb aber eng. Weil die spartanische Gesellschaft so von Kampf und Konkurrenz geprägt war und alle Männer rücksichtslos um politische Macht, Frauen, Geld und Überleben kämpften, konnten sich im Grunde nur der *Erastes* und der *Eromenos* aufeinander verlassen. Auch Agesilaos sollte von seiner Beziehung zu seinem Entführer profitieren. Im Jahr 399 v. Chr. starb der König, die Nachfolge war unklar, weil es mehrere Anwärter auf den Thron gab. Lysander, der einige Jahre zuvor das Heer Athens besiegt hatte und sich auf dem Höhepunkt seiner Macht befand, sprach sich für Agesilaos aus – und machte so sein einstiges Lust- und Erziehungsobjekt zum neuen Herrscher.

360 v. Chr.

DIOGENES WIRBT FÜR DIE MASTURBATION

~

Als sich Diogenes eines Tages mitten auf dem Athener Marktplatz ganz selbstbewusst einen runterholte, wollte er nicht nur sich selbst etwas Gutes tun, sondern auch seinen Mitbürgern. Diogenes verstand sich als Philosoph und Performance-Pionier, der die Menschen durch provozierende Aktionen zum Nachdenken brachte. So ging er beispielsweise am hellen Tag mit einer Lampe spazieren, nur damit er auf die zu erwartende Frage, was das eigentlich solle, die vorbereitete Antwort geben konnte: »Ich suche einen Menschen.« Oder er verspeiste in aller Öffentlichkeit einen Teller Linsen, was aus zwei Gründen skandalös war: Die alten Griechen aßen nur in den eigenen vier Wänden, und erachteten Linsen außerdem als Arme-Leute-Essen. »Macht euch nicht so viele Gedanken«, schien Diogenes ihnen zuzurufen, »lasst es euch einfach schmecken!« Unermüdlich kämpfte Diogenes gegen soziale Zwänge und Konventionen, verzichtete auf ein Eigenheim (eine Tonne tat es auch), verachtete die endlosen, manierierten Diskussionen über Mathematik und war natürlich auch nicht verheiratet. Er soll gesagt haben: »Die Frauen sollten gemeinsam sein; die Ehe ist nichts wert.« Besuche bei Prostituierten lehnte Diogenes allerdings ebenfalls ab, weil sie den Männern nur das Geld aus der Tasche ziehen und Tod und Verderben bringen würden. Die Selbstbefriedigung war laut Diogenes die einzige Option des freien Mannes, und dafür warb er mit Wort und Tat. Überhaupt sei der Sexualtrieb mit anderen natürlichen Bedürfnissen wie Hunger und Durst zu vergleichen, die man ja auch stillen müsse. Bei seiner öffentlichen Masturbations-Performance, die etwa im Jahr 360 vor Christus stattfand, äußerte er den Wunsch: »Könnte man doch so durch Reiben des Bauches sich auch den Hunger vertreiben.«

EXPLIZITE LYRIK IM ALTEN TESTAMENT

~

Adam und Eva werden wegen Unzucht aus dem Paradies vertrieben. Als ewige Strafe für diesen Verrat müssen Frauen seitdem »unter Schmerzen« gebären. Haben sie trotzdem Spaß am Sex, werden sie im Alten Testament als »Weiber im Hurenschmuck, listig, wild und unbändig« beschimpft. Und obwohl Kinderreichtum als Tugend gilt, bezeichnet man die Tätigkeit, die für die Reproduktion nun mal Voraussetzung ist, verschämt mit dem Verb »erkennen«. Der jüdische Glaubenstext Tanach, aus dem später das Alte Testament hervorging, ist kein lustvoller

Text. Während Ägypter, Assyrer und Griechen in den benachbarten Regionen wilde Orgien feierten (Erotischer Karneval im Zweistromland, S. 19) und mit Aphrodisiaka experimentierten (Das altägyptische Liebesbier, S. 25), galt Sex in Palästina als Krankheit, die man ausmerzen musste.

In der unwirtlichen Textwüste des Tanach, in der meist Zornesausbrüche des allmächtigen und dabei erstaunlich dünnhäutigen Gottvaters verhandelt werden, gibt es nur eine Oase: Das *Hohelied Salomos*, das seine finale Gestalt etwa um das Jahr 300 vor Christus erhielt. Als einer der ersten Texte in der Geschichte der Menschheit verband es Sex und Liebe. Das *Hohelied* wurde als Dialog verfasst: Zwei Liebende – Salomo und Sulamith – gestehen sich gegenseitig ihre Liebe, beweinen die Abwesenheit des Partners oder berauschen sich am Wiedersehen. Salomo etwa sagt: »Deine zwei Brüste sind wie zwei junge Rehzwillinge, die unter den Rosen weiden.« Mitunter wird er ziemlich direkt: »Dein Schoß ist wie ein runder Becher, der nimmer Getränk mangelt.« Sulamith bleibt nicht passiv, sondern sagt genau, was sie will: »Seine Lippen sind wie Rosen, die von fließender Myrrhe triefen.« Und: »Wie ein Apfelbaum unter den wilden Bäumen, so ist mein Freund unter den Söhnen. Ich sitze unter dem Schatten, des ich begehre, und seine Frucht ist meiner Kehle süß.«

Die expliziten Verse gingen ursprünglich aus einer Sammlung profaner Liebeslieder hervor. Dass die strengen Tanach-Lektoren den Text nicht umschrieben oder zensierten, liegt wohl nur daran, dass er dem sagenumwobenen König Salomo zugeschrieben wurde, einer der höchsten Instanzen der jüdischen Geschichte. Stattdessen betonten die Religionsgelehrten stets, dass die Liebe, von der im *Hohelied* die Rede ist, kein weltliches Gefühl sei, sondern die Verbindung zwischen Gott und seinem auserwählten Volk. Wirklich überzeugend war diese Deutung nicht. Zumindest im Stillen werden sich unzählige Gläubige in den folgenden Jahrhunderten die immer gleichen Fragen gestellt haben: Warum geht es hier nicht um Moral und Seelenheil, sondern um Hüfte und Brüste? Und waren die rosengleichen Lippen, von denen Sulamith schwärmte, in Wahrheit Gottes Lippen? Und: Ob Gott wohl gut küsst?

BONDING BEI DEN BARBAREN

~

Die Kelten rasierten sich am ganzen Körper, sowohl die Männer, als auch die Frauen (Intimrasur im alten Ägypten, S. 13). Beim Essen lagen sie nicht bequem auf Polstern herum, sondern saßen an niedrigen Tischen. Sie trugen keine Tunika, sondern Hosen. Römische und griechische Reisende, die sich in die düsteren Wälder des Nordens vorwagten, berichteten entsetzt über die Sitten der Barbaren (was übersetzt Stammler oder Stotterer bedeutet). Poseidonios, ein griechischer Philosoph, der um 100 vor Christus unterwegs war, betrieb die Keltenschelte besonders ausgiebig und soll berichtet haben: »Obwohl sie ansehnliche Frauen haben, geben sie sich sehr wenig mit ihnen ab; sie sind vielmehr von einer wilden Leidenschaft zu Umarmungen mit Männern erfasst. Sie pflegen auf Tierfellen am Boden zu liegen und sich mit einem Beischläfer auf jeder Seite herumzuwälzen.«

Es sind keine Quellen erhalten, die dokumentieren würden, wie weit die Liebe unter Männern bei den Kelten verbreitet war. Vermutlich handelte es sich um eine Art Bonding-Ritual, das den Zusammenhalt in militärischen Gemeinschaften stärken sollte. Bei den gallischen Kelten zum Beispiel waren jedem erfahrenen Krieger zwei junge Rekruten unterstellt, die ihn bei einer Verwundung vom Schlachtfeld zu tragen hatten – möglicherweise teilte sich das Dreiergespann auch ein Bettlager. Es fällt auf, dass die Knabenliebe besonders in kriegerischen Kulturen wie dem Stadtstaat Sparta verbreitet war (Spartanische Sugardaddys, S. 36; Schwule Gangs, S. 145). Ganz so, als müssten Männer, wenn sie auf Raubzügen für längere Zeit unter sich waren, einen Weg finden, körperliche Nähe herzustellen, um sich nicht gegenseitig die Köpfe einzuschlagen.

Der griechische Geschichtsschreiber Diodor Siculus, der sich auf Poseidonius bezieht, wunderte sich: »Das Allerunglaublichste ist aber: Sie sind nicht auf die eigene Anständigkeit bedacht, sondern geben die Blüte ihres Leibes anderen bereitwillig preis; und sie halten das nicht für schändlich, sondern halten vielmehr für ehrlos, wenn einer von ihnen umworben wird und die angetragene Gunst nicht annimmt.«

Der eigentliche Skandal für die Besucher aus dem Mittelmeerraum war nicht, dass Männer auch Männer liebten, sondern dass nicht nur Sklaven, Knaben und Frauen als Lustobjekte missbraucht wurden, sondern auch gestandene Krieger. Wirklich barbarisch waren die Kelten also deshalb, weil sie sich nicht an die gängigen Rollenbilder hielten.

DER CHINESISCHE KAISER
OHNE ÄRMEL

~

Kaiser Han Aidi, der von 27 bis 1 vor Christus in Zentralchina regierte, vergnügte sich mal wieder mit seinem Favoriten, dem Stallburschen Dong Xian. Der Liebeskampf war so anstrengend, dass dieser nach dem Sex in den Armen des Kaisers einschlief. Han Aidi konnte sich diesen Genuss nicht erlauben, die Regierungsgeschäfte riefen, aber er wollte seinen Liebhaber auch unter keinen Umständen wecken. Also schlüpfte er aus seinem Gewand und entzog sich so der liebevollen Umarmung. Den nun leeren Ärmel, auf dem noch immer Dong Xians Kopf ruhte, schnitt er einfach ab. Dann ging der Kaiser ohne Ärmel zu seiner Ministerrunde, Dong Xian schlummerte weiter auf dem kostbaren Kopfkissen.

Dong Xian profitierte enorm von der Affäre mit dem Kaiser, Han Aidi bedachte ihn mit großzügigen Geschenken: Geld, Adelstitel, ein Luxusanwesen in der Nähe des Palastes und eine prächtige Grabstätte, die sich direkt neben dem künftigen Grabmal des Regenten befand – selbst im Tod wollte Han Aidi seinem Geliebten nahe sein. Dongs Familie wurde Teil der Kaiser-Entourage, Dong selbst, 22 Jahre alt, zum Oberbefehlshaber der Streitkräfte ernannt. Die Höflinge passten sich an die neue Machtkonstellation an und kürzten sich ebenfalls den Ärmel. Der asymmetrische Schnitt wurde zum Modetrend und Zeichen einer großen Liebe.

Ein Happy End hatte die Geschichte aber nicht. Die Privilegien, die Dong Xian genoss, riefen die Sozialneider auf den Plan. Zwar ließ der Kaiser alle Beamten, die dessen Aufstieg hatten verhindern wollen, mit Degradierung, Haft oder Tod bestrafen, schaffte sich so aber auch mächtige Feinde. Han Aidi war wohl ein aufmerksamer Liebhaber, aber kein starker Herrscher. Und weil er keine Kinder zeugte, die ihm auf den Thron hätten folgen können, bröckelte seine Machtposition. Kurz nach seinem Tod brach die einst so glorreiche Han-Dynastie auseinander. Dong Xian wurde vom Palast-Establishment, das von Aidis Stiefgroßmutter angeführt wurde, seiner Ämter enthoben und beging kurz darauf Selbstmord.

Dem offenen Umgang mit gleichgeschlechtlichem Sex in der chinesischen Kultur tat diese Episode jedoch keinen Abbruch. Das änderte sich erst mit der

Ankunft der Europäer, die neben überlegenen Waffen, dem Christentum und der Braukunst auch die Homophobie ins Reich der Mitte einführten (Friedrich der Große spielt Flöte, S. 107). Aber noch heute sprechen manche Chinesen vom »abgeschnittenen Ärmel«, wenn sie die Liebe zwischen zwei Männern meinen.

FLIRTRATGEBER IN ROM

~

Männer, die morgens zu lange im Bad brauchen und sich auffällig um Frisur, Hautreinheit und ihren Look im Allgemeinen kümmern, hatten es auch im alten Rom nicht leicht. »Finde kein Gefallen daran, das Haar mit der Brennschere zu kräuseln, und reibe dir die Schenkel nicht mit rauem Bimsstein glatt. Nachlässige Schönheit steht Männern«, riet der Dichter Ovid seinen Geschlechtsgenossen in der *Ars amatoria* (*Liebeskunst*). Ganz ungepflegt sollte man der Geliebten aber dann doch nicht unter die Augen treten: Schöne Männer putzen sich laut Ovid regelmäßig die Zähne und pflegen ihre Fingernägel, sie haben eine gesunde Sonnenbräune und rasieren sich zumindest an manchen Körperstellen: »Und nicht soll der stinkende Bock, der Herr der Ziegenherde, unter den Achseln hausen.«

Im Jahr zwei nach Christus erschien die *Ars amatoria* – Gedichtband und Flirtratgeber in einem. Das Buch feierte die Galanterie, die Eleganz, die Erotik und die Großstadt, die das galante, elegante und erotische Leben überhaupt erst möglich machte; weil nur die Stadtbewohner genügend Freizeit hatten, um ihre Sitten zu verfeinern, weil nur in der Urbs Roma gut ausgeleuchtete Bühnen standen, auf denen sich Fremde begegneten und verführten, weil es dort dunkle Ecken gab, in denen alles erlaubt war.

Gleichzeitig galt Ovid Höflichkeit als wichtigster Wert. Man solle keine Gelegenheit auslassen, schrieb er, der Angebeteten einen Gefallen zu tun oder zu Hilfe zu eilen – auch wenn das eigentlich gar nicht notwendig sei. »Und wenn zufällig – wie es zu geschehen pflegt – in den Schoß des Mädchens Staub fällt, wirst du ihn mit den Fingern abschütteln müssen. Auch wenn kein Staub fällt, schüttle das Nichts dennoch fort.« Ebenfalls hilfreich seien Komplimente, Geschenke, Dinnereinladungen und hin und wieder ein kleiner Heulkrampf: »Wenn dir Tränen fehlen (denn sie kommen nicht immer im richtigen Augenblick), berühre die Augen mit angefeuchteter Hand.«

Auch für weibliche Leser hatte Ovid jede Menge kluger Ratschläge. Den Ehemann, riet er, könne man im Notfall mit Alkohol oder Medikamenten betäuben, am besten treffe man seine Affäre aber in der Wohnung der besten Freundin. Um den Liebhaber an sich zu binden, sei es hilfreich, ihm in einem gespielten Eifersuchtsanfall das Gesicht zu zerkratzen oder ihm die kalte Schulter zu zeigen: »Man muss unter die frohen Liebesspiele ab und zu eine Zurückweisung einstreuen. Lass ihn vor deiner Türe liegen, ,oh grausame Pforte' klagen.« Immer sollte die Damenwelt darauf bedacht sein, ihre eigenen Vorteile zu inszenieren und ihre Schwächen zu verstecken und »nicht für alle schickt sich ein und dieselbe Liebesstellung«. Älteren Frauen empfiehlt Ovid deshalb zum Beispiel die Reverse-Cowgirl-Stellung, damit sie die Männer nicht mit den Gesichtsfalten abschrecken. Und wer einen schönen Rücken habe, solle sich halt auf den Bauch legen.

Ovid war kein Macho oder Pick-up-Artist. Er sah die beiden Geschlechter nicht als Gegner, sondern als heimliche Komplizen im großen Spiel der Lust. Statt träge und faul zu warten, bis einen romantische Gefühle übermannen, solle man darauf setzen, dass der Appetit beim Essen kommt und die Initiative ergreifen. Und auch wenn man selbst lieber schlafen wolle, solle man Erregung vortäuschen und stöhnen, weil das den Partner errege, was wiederum die eigene Lust steigere. Großen Wert legte der Dichter auf den gemeinsamen Orgasmus: »Hast du die Stellen gefunden, deren Berührung der Frau Freude macht, so stehe die Schamhaftigkeit dir nicht im Wege, sie zu berühren, du wirst die Augen anschauen, die im zitternden Feuer erglänzen, Klagelaute werden hinzukommen. Und lass du nicht die Geliebte im Stich, indem du ihr mit volleren Segeln vorauseilst. Eilt gemeinsam zum Höhepunkt!«

Seid verliebt ins Verliebtsein, riet Ovid, begeistert euch an der eigenen Begeisterung. Die Liebe ist ein Spiel für Erwachsene, ein Spiel, bei dem man mal fröhlich und mal ganz ernst sein könne, und bei dem es darum gehe, den Mitspieler zu überlisten – und manchmal eben auch sich selbst. Was Ovid über das Schminken schrieb, galt seiner Meinung nach für das Leben selbst: »Nur eine Kunst, die sich zu verbergen weiß, hilft der Schönheit auf.«

DER KAISER DES CUNNILINGUS

~

Tiberius Iulius Caesar Augustus herrschte ab dem Jahr 14 nach Christus und war der zweite Kaiser des römischen Reiches. Tiberius verzichtete auf teure Prunkbauten und war für seine seriöse Sparpolitik bekannt. Außerdem galt er als großer Lustmolch. Laut dem Historiker Sueton trainierte der Herrscher in seiner Villa auf Capri Kinder zu *Pisciculos* (Fischchen), die im Pool um seinen Unterleib herumschwimmen mussten. In seinem Schlafgemach ließ er ein pornografisches Kabinett einrichten, in seinem Lustgarten standen erotische Marmorstatuen von Nymphen und Satyrn. Die wilden Sexgerüchte, die das Staatsoberhaupt umgaben, galten damals nicht als Skandal. Im Gegenteil. Erotische Höchstleistungen gehörten zur Inszenierung der römischen Herrscher dazu, die ebenso potent und aggressiv auftreten mussten wie das Reich selbst. Problematisch war eigentlich nur eine ganz besondere Leidenschaft des Kaisers: Tiberius mochte es, die Geschlechtsteile römischer Patrizierinnen zu lecken.

Betrachtet man die freizügigen Fresken in römischen Ruinen (Die Sex-Graffitis von Pompeji, S. 48), könnte man denken, in der damaligen Hauptstadt der westlichen Welt sei alles erlaubt gewesen. Aber so einfach war es dann doch nicht. Auf der einen Seite trafen sich die Menschen zum Sex in den Thermen, Geschlechtsverkehr mit Minderjährigen galt als vollkommen legitime Praxis, und Politiker mussten im Senat über ihre fleischlichen Vorlieben Auskunft geben (Der

Clinton-Skandal, S. 177). Auf der anderen Seite galten strenge Regeln und Tabus. Die damalige Sexualmoral basierte auf einer strikten Rollenverteilung zwischen Männern und Frauen, freien Bürgern und Sklaven, Herrschern und Untertanen. Alles drehte sich um die Frage, wer den aktiven Part beim Liebesspiel einnehmen durfte.

Dem Hausherren (*dominus*) war alles erlaubt, wobei er sich aktiv verhielt. Neben dem Vaginalverkehr mit Ehefrau, Prostituierten und Sklavinnen (*futuere*) konnte das auch Analverkehr mit Lustknaben und Sklaven (*paedicare*) sein. Weniger klar war die Sache, wenn es um die Bewertung von Oralsex ging. Fellatio galt als unmännlich, weil sich der Mann, der ihn empfing, relativ passiv verhielt. Als unverfänglicher galt *irrumare*, die aktive Penetration des Mundes. Es war das Schicksal und die Pflicht eines Sklaven, sich gebrauchen zu lassen – ein freier Mann hingegen durfte niemals Lustobjekt sein.

Das ist der Grund, warum sich die Römer wenig Abscheulicheres vorstellen konnten als einen Patrizier, der eine Frau oral befriedigt. »Fotzenlecker« war eines der übelsten Schimpfwörter der Zeit. Die Praxis stellte nicht nur die Geschlechterhierarchie auf den Kopf, die Römer hatten auch panische Angst vor Körperflüssigkeiten. Ein Mann, der eine Frau oral befriedigte, stand im Verdacht, Menstruationsblut aus der Scheide trinken zu wollen. Selbst Prostituierte weigerten sich, Männer, denen diese Vorliebe nachgesagt wurde, auf den Mund zu küssen. Wie tief die Abneigung war, zeigt ein Gedicht von Martial, der einen gewissen Nanneius verspottete, weil dieser seine »fickende Zunge (…) in die geschwollene Scheide ganz tauchte«, sodass er im Bauch der Frau die »Kinder quäken hörte«. Am Ende von Martials Schmähgesang lähmt eine »hässliche Krankheit« den »gierigen Teil« von Nanneius, seinen Mund und seine Zunge. Happy End, die öffentliche Ordnung ist wiederhergestellt: »Heil euch, ihr Fotzen, ihr habt hinfort Ruhe vor ihm.«

So wagte es kaum ein freier Mann, seinen Kopf im Schoß der Geliebten zu vergraben. Für einen jedoch galt dieses Verbot nicht: Kaiser Tiberius, den Princeps, der über allen Gesetzen stand. Dem Volk freilich war die Vorliebe des Herrschers nicht geheuer. Auf den Zirkustribünen war oft folgender Spottgesang zu hören: »Der alte Bock leckt die Fotzen der Ziegen.« Aber was stört das Geschwätz des Plebs einen Kaiser?

DIE SEX-GRAFFITIS VON POMPEJI

~

»Wer dies schreibt, ist verliebt, wer es liest, wird in den Arsch gefickt, wer es hört, ist geil, von hinten kriegt es der, der vorbeigeht, die Bären mögen mich fressen, und ich, der dies lese, bin ein dicker Schwanz.« Der Spruch steht gut leserlich auf einer Fassade in der römischen Ruinenstadt Pompeji. Die Bewohner der Stadt betrachteten die Wände öffentlicher Bauwerke offenbar als eine Art Offline-Kommentarspalte – und ritzten Nachrichten an Freunde, Verse und Bonmots in den Putz hinein.

Am 24. August 79 nach Christus brach der Vesuv aus. Eine riesige Aschelawine ergoss sich über die Stadt, 2000 Menschen starben, 18 000 verloren ihr Obdach. Die Mauern und Häuser aber überdauerten die Katastrophe. Und die erkaltete Vulkanasche konservierte die Botschaften, welche die Bewohner von Pompeji auf ihnen hinterlassen hatten. Als die Stadt im 18. Jahrhundert ausgegraben wurde, erschraken sich die Archäologen ziemlich. Die derben Sprüche passten nicht zum Bild der edlen Antike, das man zu dieser Zeit gern in die Schulbücher zeichnete.

Natürlich gibt es auch weniger explizite Tags und Graffitis. Manchmal wollte der Verfasser nur einen hervorragenden Zeitgenossen loben (»Cethegus, guter Typ«) oder der Angebeteten seine Liebe gestehen: »Hallo, Primigenia aus Nocera. Wie gern würde ich für ein Stündchen dein Siegelring sein. Dann kann ich dir selbst die Küsse geben, die ich darauf gedrückt habe.« Einige Sprüche thematisieren sich sogar selbst: »Es ist ein Wunder, Mauer, dass du noch nicht umgefallen bist von all den dummen Sprüchen, die sie in dich eingeritzt haben.«

Pompeji war eine freizügige, lebenslustige Stadt, was man etwa an den ebenfalls gut erhaltenen Mosaiken und Skulpturen sehen kann, die in aller Selbstverständlichkeit Gruppensex-Szenen darstellen. Vielleicht wollten die Bürger von Pompeji das Leben vor allem deshalb voll auskosten, weil sie wussten, dass sie ein Vulkanausbruch jederzeit auslöschen konnte. Vielleicht formulierten sie deshalb ihre Wünsche recht direkt: »Restituta, zieh deine Tunika aus, bitte zeige deine haarige Möse«, dichtete etwa ein Verehrer. Ein etwas diskreterer Bürger notierte: »Ich verbrachte die ganze Nacht mit der Wirtin, aber ich gestehe, dass ich dies mit einiger Schüchternheit schreibe.« Andere meinten höflich: »Die Zimmergenossen

Apelles, Dextrus und Caesar hatten hier eine herrliche Mahlzeit und herrlichen Sex.« Eines zeigen die Graffitis deutlich: das sexuelle Selbstbewusstsein der Bürger von Pompeji. Ein besonders eitler Zeitgenosse variierte sogar den berühmten »Veni, vidi, vici«-Ausspruch von Gaius Iulius Caesar und ritzte in die Wand: »Ich kam, bumste und ging danach nach Hause.«

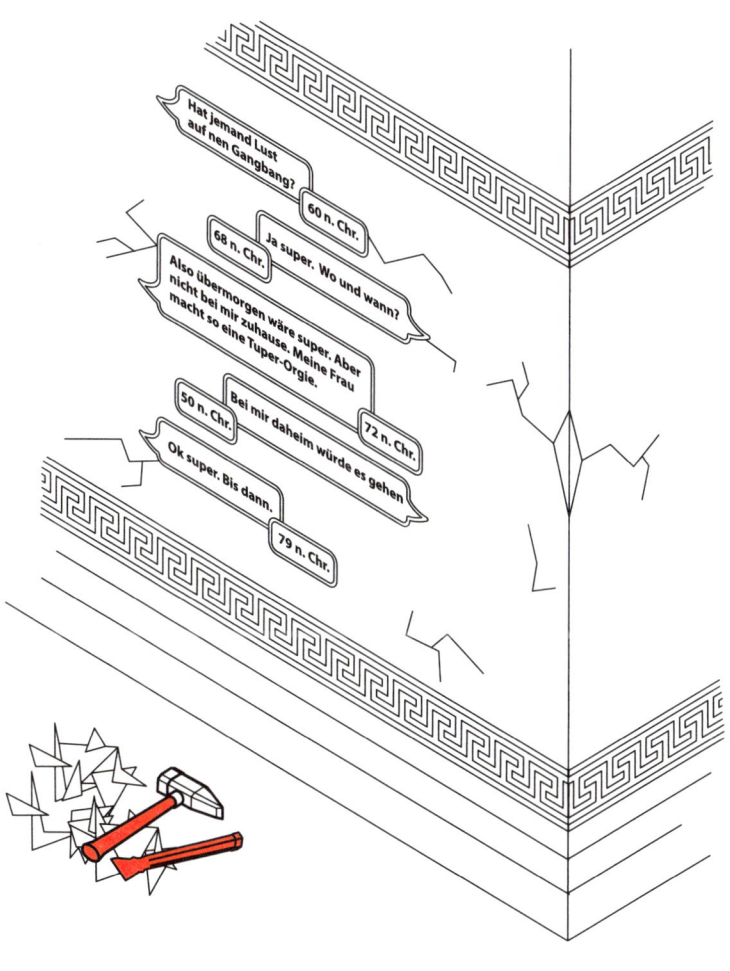

DER GOTT DES STÄNDERS

~

Die Tempel des Gottes Priapos, der als Schutzherr von Weidetieren, Obstbäumen und Gärten galt, waren auch so etwas wie urologische Kliniken, in denen sich Römer wegen Impotenz behandeln ließen. Der Kult war ursprünglich auf den griechischen Dardanellen entstanden und dann nach Rom importiert worden – aus gutem Grund. Denn Priapos wurde stets mit einem riesigen, roten Phallus dargestellt, nach ihm ist übrigens auch der Priapismus, eine krankhafte, schmerzhafte Dauererektion, benannt (Das blaue Wunder, S. 190). Es ist nicht verwunderlich, dass Priapos sehr populär war.

In dem Text *Satyricon*, den der römische Senator und Schriftsteller Petron im ersten Jahrhundert verfasste, wird die Behandlung von Impotenz sehr genau beschrieben. Nachdem der Held Enclopius sowohl bei seinem Lustknaben als auch bei der Stadtschönheit Circe jämmerlich versagt hat, besucht er eine alte Priapos-Priesterin, die ihn zunächst mit einem vergammelten Schweinekopf traktiert. Aber das ist erst der Auftakt: »Sie holte einen ledernen Phallus hervor, den rieb sie mit Öl, fein gestoßenem Pfeffer und gemahlenen Brennnesselsamen ein. Dann führte sie ihn langsam in meinen After ein. Gleichzeitig begoss die grausame Alte meine Oberschenkel mit derselben Flüssigkeit. Fernerhin mischte sie Kressesamen mit Stabwurz und goss es mir über meinen Penis. Dann ergriff sie eine Rute aus Brennnesseln und begann, meinen Bauch damit zu schlagen.«

Ob das Versprechen der Priesterin, dass sie den Penis von Enclopius steif kriege »wie ein Horn«, eingelöst wurde, erfährt der Leser von *Satyricon* nicht. Sicher ist, dass es impotente Männer im antiken Rom nicht leicht hatten. Wer sich im Bett nicht beweisen konnte, bekam nicht nur Probleme mit dem Partner oder dem eigenen Selbstbewusstsein, sondern musste um seinen Status fürchten. Auf Triumphzügen präsentierten Feldherren riesige, erigierte Penisse, und auch in viele Hausfassaden wurden Phalli eingemeißelt, um böse Geister abzuwehren und die Potenz des Hausherrn zu symbolisieren. Dementsprechend groß war die Furcht vor realer Impotenz, für die die Römer meist einen Fluch verflossener Liebhaberinnen oder wütender Nebenbuhler verantwortlich machten. Die Gefahr lauerte überall. Auch wer nachts in Kot oder – unwahrscheinlicher, aber noch unangenehmer – auf eine Leiche trat, konnte seine Manneskraft verlieren.

Der römischen Angst vor dem schlaffen Penis verdanken wir immerhin einen Höhepunkt der Weltliteratur. Selten wurde das Versagen im Bett mit so rührender Ehrlichkeit beschrieben wie in Ovids drittem Buch der *Amores*: »Als schmachvolle Last lag ich im unbewegten Bett. Zwar schlang sie mir ihre Elfenbeinarme um den Hals, weißer als Sithon'scher Schnee, steckte mir die begehrlich ringende Zunge tief in den Hals und nannte mich ihren Gebieter. Jedoch lag mein Glied jämmerlich da, wie abgestorben, schlaffer als die gestern gepflückte Rose. Geschwind sprang sie vom Bett und damit man nicht merkte, dass sie unberührt von meinem Samen war, gab sie vor, sich zu waschen, um die Schande zu verdecken.« Da hilft nur ein Stoßgebet zu Priapos.

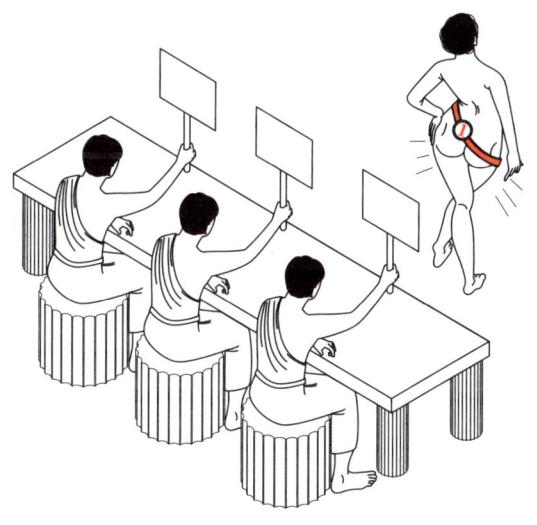

GRIECHENLAND WÄHLT DIE MISS PO

~

Jedes Jahr im März oder April fanden im antiken Griechenland die Dionysos-Festspiele statt, bei denen man Prozessionen und Theateraufführungen bewundern konnte – und die Schönheit mancher Mitbürgerinnen. Den vielleicht ersten Beauty-Contest der Geschichte dokumentiert der Dichter Alkiphron im zweiten Jahrhundert: »Alle waren wir da. Sogar Philumene, die gerade erst geheiratet hatte und eifersüchtig bewacht wird, hatte ihren guten Mann eingeschläfert und war gekommen, wenn auch spät.« Es wurde viel getrunken und gegessen, dann steuerte der Abend auf seinen Höhepunkt zu: »Zwischen Thryallis und Myrrhine brach ein richtiger Streit aus, wer den schöneren und verlockenderen Po zur Schau stellen konnte«, schrieb Alkiphron, und weiter: »Zuerst löste Myrrhine den Gürtel. Ihr Hemdchen war aus Seide und durch es hindurch sah man, wie sie ihre Hüften schwenkte, dass sie zitterten wie dicke Honigmilch. Dabei schaute sie hinter sich auf die Bewegungen ihrer Rundungen und seufzte verstohlen, als sei sie bei der Liebesarbeit. Bei Aphrodite, da musste ich wirklich staunen.« Derart herausgefordert ließ ihre Konkurrentin Thryallis alle Hüllen fallen, weil man die

Schönheit eines Körpers ja nur so in aller Konsequenz beurteilen könne. Zunehmend atemlos notierte Alkiphron: »Sie reckte ein wenig ihre Hüften und sagte: ›Schau her, Myrrhine, sieh nur die purpur schimmernden Backen, weder zu rundlich noch zu mager, und darüber die Grübchen.‹«

Es ist keine Überraschung, dass die Misswahl im antiken Griechenland erfunden wurde. Schönheit und körperliche Kraft galten als Ausdruck eines guten Charakters. Bei den olympischen Wettkämpfen traten die Athleten nackt an. Die Götterstatuen in den Tempeln hatten alle einen Sixpack. Und selbst ein Mann des Geistes wie Sokrates litt unter seinem Bauch und ging joggen. Platon soll mehrfacher Olympiasieger im Ringen gewesen sein. Die Schönheitsnormen setzten beide Geschlechter unter Druck und schrieben für Männer schmale Taillen und mittelbreite Schultern vor. Ein eigener Wissenschaftszweig, die Kallipädie, beschäftigte sich mit der Frage, wie sich eine schwangere Frau ernähren müsse, damit sie ein hübsches Kind zur Welt bringe.

Und wie ging der Wettbewerb um den schönsten Hintern aus? Die zweite Kandidatin, schrieb Alkiphron, »versetzte ihren Po in solche Schwingungen und ließ ihn bis über die Lenden herumwirbeln, dass alle in lauten Beifall ausbrachen und Thryallis zur Siegerin erklärten. Es gab dann auch noch Vergleiche der Hüften und wegen der Brüste.«

DIE ERSTEN LIEBESAKROBATEN

~

Erotik und Pedanterie schließen sich nicht aus. Das ist die Hauptlektion des berühmten indischen Leitfadens der Liebe, des *Kamasutra*. Der Verfasser Vatsyayana Mallanaga, über dessen (Sex-)Leben man leider kaum etwas weiß, war ein echter Nerd und Meister der Listen, Systematiken und Tabellen. Nur so war es ihm möglich, die 10000 Kapitel über die Liebeskunst, die der Schöpfergott Prajapati der Legende nach hinterlassen hatte, in nur 36 Kapiteln zusammenzufassen, die alle noch einmal sehr ordentlich nach Einzelpunkten unterteilt waren. Vatsyayana Mallanaga unterschied so zum Beispiel zwischen neun Arten der Penisführung beim Geschlechtsverkehr – unter anderem gab es »Dolch«, »Eberstoß« und »Sperlingsspiel«.

Natürlich widmete er sich den vier hinduistischen Lebenszielen. Neben dem Leben im Wohlstand (*Artha*), der Rechtschaffenheit (*Dharma*) und der Erlösung (*Moksha*), hatte es ihm das sinnliche Verlangen – *Kama* – besonders angetan. Und *Kama* kann man üben. Vatsyayana riet zur Aufnahme des Trainings gleich nach dem 16. Geburtstag und empfahl seinen Lesern überdies den »Umgang mit kultivierten jungen Leuten aus der Stadt«.

Die indische Gesellschaft ist streng hierarchisch in verschiedene Kasten unterteilt. Solche Sozialkategorisierungen gibt es auch beim Sex. Mathematisch präzise führt der Meister in seinem Buch mögliche Sexpartnerkonstellationen auf – gelistet nach der Größe der Geschlechtsteile. Männer sind entweder Rammler, Stiere oder Hengste. Frauen Gazellen, Stuten oder Elefantenkühe. Ein klein bestückter Rammler und eine Elefantenkuh, die eine eher weite Vagina hat – besser nicht. Kraftvoller Stier und zierliche Gazelle – immer gern. Laut Vatsyayana gilt es, nicht nur die physiologische Passgenauigkeit abzuwägen, sondern auch die Kompatibilität des sexuellen Temperaments (gering, mittel, feurig) sowie die Durchschnittszeit bis zum Orgasmus (langsam, mittel, schnell).

Was nicht passt, kann noch halbwegs passend gemacht werden. Rammler und Stute können womöglich glücklich miteinander werden. Schließlich sind im *Kamasutra* genau 64 verschiedene Koituspositionen aufgeführt: von der »weit geöffneten« bis zur »hoch gerundeten« oder »halb gepressten« Stellung bis zum »eingeschlagenen Nagel«, der »Zange«, »Krabbe« oder einer Technik namens »querstehende

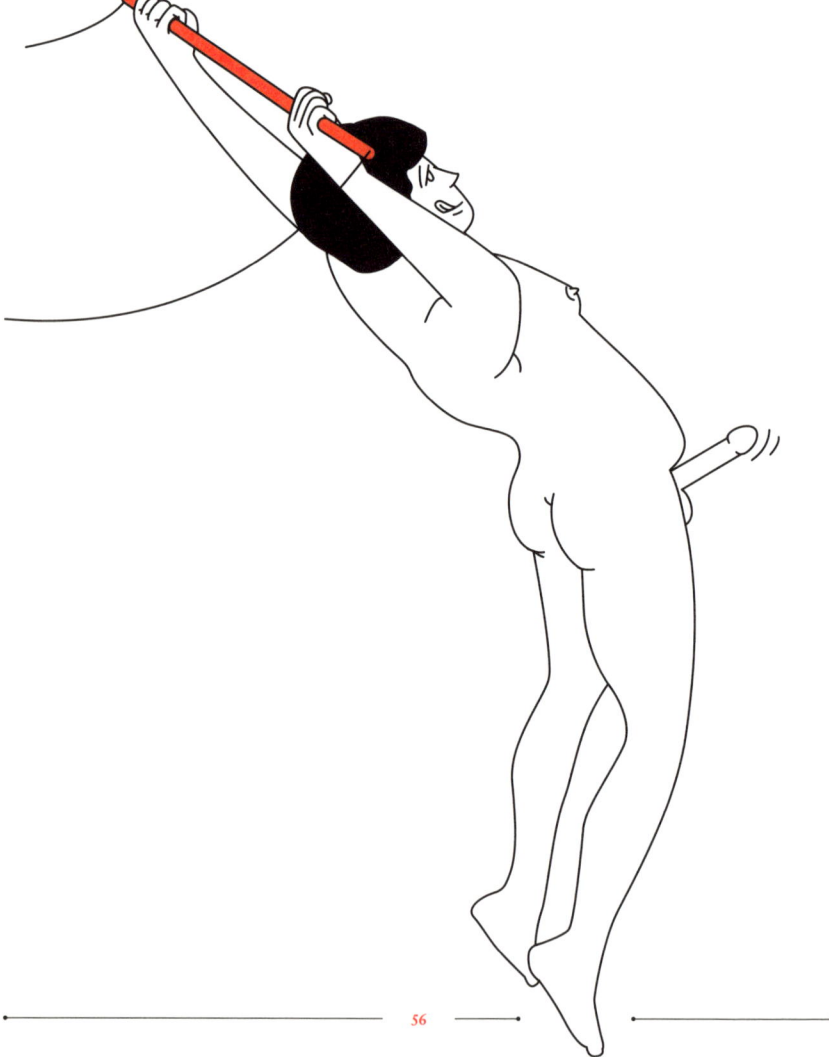

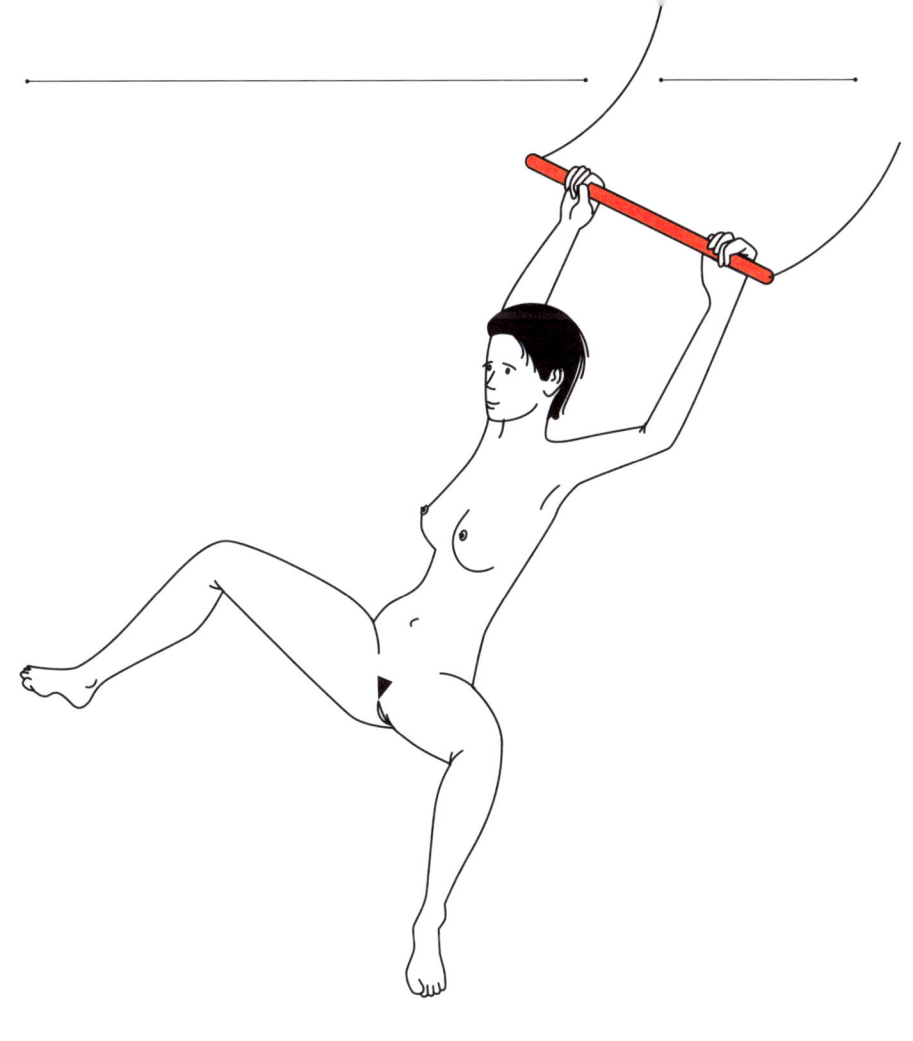

Laute«. Obwohl die altindische Gesellschaft patriarchal geprägt war, wurden die sexuellen Bedürfnisse der Frauen im *Kamasutra* sehr wohl berücksichtigt. Beide Geschlechter sollten die insgesamt 729 verschiedenen Wollustarten erleben, welche diverse Spuren auf den Körpern hinterlassen – die Vatsyayana natürlich genau kartografierte. Das *Kamasutra* kennt acht verschiedene Fingernagel-Kratzmuster von Hasensprung bis Pfauenfuß und acht Schmerz- und Liebeslaute (etwa »ham«, »sut«, »phut« oder »dut«). Abschließend führt der Autor noch »64 Wissensgebiete und Fertigkeiten« auf, »die man beherrschen sollte«. Dazu zählen interessanterweise nicht nur Sexakrobatikübungen, für die man selbst nach einem Kundalini-Yoga-Kurs der Stufe drei nicht gelenkig genug ist, sondern auch Softskills wie etwa Gesang, Tanz, Zeichnen, Wassermusik, Zauberkunststücke, Kochen, Rätsellösen, die Herrichtung der Lagerstatt und das Anfertigen verschiedener Muster aus Reis und Blumen.

Im Kapitel »Geheimmittel« listet Vatsyayana Salben, Tees und Spezialgerichte auf, die angeblich für Liebessuperkräfte sorgen (Das blaue Wunder, S. 190). So solle, wer nicht mit »Schönheit, Jugendlichkeit, Tugend und Freigebigkeit« versehen sei, eine Salbe »aus den Blättern von Tagara, Kustha und Talisa in einem Menschenschädel« zubereiten. Das mache genauso verführerisch wie eine hübsche Nase. Einem Rammler, der unter seinem kleinen Penis leide, könne eine mehrwöchige Einreibekur mit schwer erhältlichen »Stachelhaaren« eines Bauminsekts helfen. Diese Penisvergrößerung hat laut dem *Kamasutra* den Vorzug, das ganze Leben lang erhalten zu bleiben, während die Salbe aus der Frucht von *Asteracantha longifolia* die Vagina der Elefantenkuh nur für eine Nacht verenge. Wer sich – warum auch immer – eine weiße Lippe wünsche, solle »Lack« siebenmal mit dem »Hodenschweiß eines Schimmelhengstes« vermischen und dann seine Lippe damit bestreichen. Die sexuelle Ausdauer des Mannes werde durch den Verzehr eines Kuchens verbessert, der aus Zuckerrohrwurzel, süßer Milch und Schmelzbutter besteht. Und wer unzählige Frauen verführen wolle, solle ein Lied auf einer mit Gewürzen bestrichenen Rohrflöte spielen.

Dabei legte Vatsyayana Mallanaga gar keinen so großen Wert auf Mega-Orgasmen und Sex-Highscore. Musterschülern, die seine Ratschläge genau befolgen, verspricht er stattdessen: eine glückliche Ehe, viele Kinder und ein hohes Alter.

SLIP, SLIP, HURRA

~

Eine Sportanlage. Zwei Mädchen werfen sich einen Ball zu. Eine junge Frau hält zwei kleine Hanteln in den Händen. Im Hintergrund vollführen weitere Sportlerinnen gymnastische Übungen. Andere trainieren mit einem Diskus und versuchen sich an einer neuen Bestweite. Alle Frauen tragen einen trägerlosen BH und ein knappes Höschen – und lebten im vierten Jahrhundert nach Christus.

Die *Bikinimädchen*, wie sie auch genannt werden, sind in der Villa Romana del Casale im sizilianischen Bergstädtchen Piazza Armerina zu sehen. Das Fußbodenmosaik wirkt wie eine Fälschung, weil die Athletinnen so aussehen, als seien sie einem modernen Crossfit-Video entsprungen.

Viele römische Frauen verwendeten ein *Strophium*, eine Binde, die den Brüsten Halt gab und sie auch ein wenig verkleinerte. Das Schönheitsideal verlangte nach flachen Brüsten und breiten Hüften. Vom Dichter Martial, der im ersten Jahrhundert nach Christus lebte, ist ein Gedicht überliefert, in dem er das *Strophium* bittet, »die anschwellenden Brüste meiner Geliebten zusammenzudrücken«, damit er sie mit seiner Hand umfassen könne.

Die engen Shorts auf dem Mosaik hingegen geben ein Rätsel auf. Im Alltag trugen die Frauen damals lange Kleider. Unterwäsche war nicht üblich. An einigen Ausgrabungsstätten wurden jedoch Frauenslips aus Leder gefunden, die über verstellbare Bänder an den Seiten verfügten und mit farbigen Stoffen verziert wurden. Es gibt zwei Theorien über die Funktion der antiken Bikinis (der Name wurde erst 1946 von dem französischen Designer Louis Réard eingeführt). Entweder das Sport-*Strophium* und der Slip dienten tatsächlich als Fitnessgarderobe, weil man darin große Bewegungsfreiheit hatte. Das Bodenmosaik könnte also eine Art kleinteiliger Fitnessratgeber gewesen sein, der die Damen des Hauses zu regelmäßigen Trainingseinheiten animieren sollte und ihnen darüber hinaus noch die richtige Haltung beim Diskuswurf demonstrierte. Eine andere Theorie besagt, dass die *Bikinimädchen* eigentlich Erotik-Entertainerinnen waren und eine Revue aufführten. In diesem Szenario wären die Sportgeräte nur Requisite gewesen – und die Bekleidung sollte keinen Zweck erfüllen, sondern maximal knapp und aufreizend wirken. Was auch immer der Modedesigner

im Sinn hatte, der mehr als 1600 Jahre vor Louis Réard den Bikini erfand:
Er – oder sie? – war auf jeden Fall ein Fan des weiblichen Körpers.

380 n. Chr.

KOMMEN ZWEI ALTE GRIECHEN IN EINE BAR ...

~

Den Griechen verdanken wir neben dem Marathonlauf, der Endloszahl Pi und
der Miss-World-Competition (Griechenland wählt die Miss Po, S. 53) natürlich
auch die Zote. Die älteste erhaltene schriftliche Witzesammlung stammt wohl aus
dem vierten Jahrhundert, nennt sich *Der Lachfreund* (*Philogelos*) und umfasst
265 Gags. Zum Beispiel: Ein redseliger Barbier fragt seinen Kunden: »Wie soll ich
dich scheren?« Der Mann antwortet: »Schweigend!« Die meisten Witze handeln
von Trinkern, Geizhälsen – und natürlich auch von Sex: »Ein Kalmäuser fragte seinen Vater: ›Wie viel fasst ein Fünfliterkrug?‹« Die Zeitgenossen lachten schallend,
weil Kalmäuser (gelehrte Stubenhocker) bekanntlich ziemlich nerven. Und weil
man damals mit dem Wort »Krug« auch das männliche Geschlechtsteil bezeichnete. Im *Lachfreund* stehen sehr viele Witze über große oder sehr große Weinkrüge.

Die meisten Geschichten werden aus einer männlichen Perspektive erzählt.
Die Frau taucht in den Witzen trotzdem nicht nur als passives Sexobjekt auf: Ein
Mann kommt nach Hause und sagt zu seiner Frau: »Herrin, was sollen wir tun?
Wollen wir essen oder der Liebe pflegen?« Sie antwortet: »Wie du willst. Brot ist
keins da.« Es geht um Themen wie Impotenz, die Angst vor Untreue und die Vor-
und Nachteile eines unersättlichen Partners. Nur wer über Sex und Liebe auch
lachen kann, das hatten die Verfasser des *Lachfreund* offenbar verstanden, hält das
dazugehörige Gefühlschaos aus und kann die Sache genießen. Ein Mann verrät
einem anderen: »Ich habe deine Frau umsonst gehabt.« Der Angesprochene
antwortet: »Ich bin freilich gezwungen, dieses große Übel zu ertragen. Du aber –
wer zwingt dich?«

PORNO-VASEN AUS PERU

~

Der Herrscher sitzt bequem auf einem Stuhl und hat das Kinn ein wenig angehoben, die halb geöffneten Augen scheinen ins Nirgendwo zu blicken. Auf seinem Kopf trägt er eine Krone und auf seinen Lippen ein Lächeln. Dem Mann geht es sichtlich gut, was an der Frau liegen könnte, die vor ihm kniet, ihre Hände zärtlich auf seinen Oberschenkeln abgelegt hat und ihm einen bläst.

Das Volk der Moche erlebte seine Hochzeit zwischen den Jahren 400 und 600 an der Nordküste des heutigen Peru. Besonders beeindruckend sind die Keramikkunstwerke, mit denen sie sexuelle Motive darstellten. Die *Sex Pots,* wie Archäologen sie nennen, zeigen Männer, Frauen, Tiere und mythische Wesen beim Geschlechtsverkehr, bei der Selbstbefriedigung und beim Oralsex. Im Archäologiemuseum der Nationaluniversität Trujillo steht eine Figur, die einen Herrscher zeigt, der von einer Dienerin einen geblasen bekommt – der Kopf der Keramikkonkubine lässt sich sogar bewegen. Weil die Figur im Jahr 1998 gefunden wurde, heißt sie auch *El Clinton* (Der Clinton-Skandal, S. 177).

Auf einem anderen Keramikgefäß ist eine kniende Frau von hinten dargestellt. Sie hat Kopf und Brust auf dem Boden abgelegt, reckt den Hintern in die Höhe und zieht mit ihren Händen die Pobacken auseinander, um den Betrachter einen noch besseren Blick auf ihre Schamlippen zu bieten. Vor allem die Klitoris (Der operative Orgasmus, S. 143) ist sehr sorgfältig herausgearbeitet.

Es ist nicht bekannt, ob das Porno-Porzellan eine Funktion bei Fruchtbarkeitszeremonien hatte oder ob man Jugendlichen auf diese Art und Weise zeigte, wie das jetzt mit den Bienen und den Blumen funktionierte (und wo sich die Klitoris genau befindet). Wurde Analverkehr so häufig dargestellt, weil die Moche diese Technik als Mittel zur Geburtenkontrolle einsetzten? Und sind die Skulpturen, die eine Frau und ein Skelett beim Sex zeigen, eine Warnung vor zu viel Sex?

Ein allzu düsteres Bild der Sexualität herrschte in der Moche-Kultur jedoch sicher nicht vor. Dafür waren die Handwerker einfach mit zu viel Humor bei der Sache. Viele Trinkgefäße waren zum Beispiel so gestaltet, dass man aus einer Öffnung trinken musste, die wie übergroße Schamlippen oder die Eichel eines monströsen Penis geformt waren. Wer sich durch einen Schluck Chicha (vergorenes Maisbier) die Lippen befeuchten und oral befriedigen wollte, musste also Oralsex simulieren.

595 n. Chr.

MOHAMMED ALS FRAUENVERSTEHER

~

Er liebte Spaziergänge zu zweit im Mondschein, gute Gespräche und alberne Wettrennen, bei denen er seine Liebste gewinnen ließ. Der Islam mag heute in weiten Teilen der Bevölkerung als frauenfeindliche Religion gelten. Prophet Mohammed war ein ziemlicher Traumehemann.

Der Prophet, der um das Jahr 570 in Mekka geboren wurde, war zehn- oder gar zwölfmal verheiratet und prägte als lebendes Vorbild das früharabische Liebesleben. Mit 25 heiratete er Khadija, eine 14 Jahre ältere, erfolgreiche Businessfrau – eine solche Verbindung war im Arabien des siebten Jahrhunderts keine Seltenheit. Ebenso wenig, dass Khadija zuvor bereits zweimal verheiratet war, wobei nicht auszuschließen ist, dass diese Ehen auch zeitgleich geführt wurden (Vielmännerei war nämlich ebenfalls üblich). Gemeinsam hatten sie großen geschäftlichen Erfolg und waren offenbar auch glücklich miteinander. Mohammed blieb Khadija jedenfalls 25 Jahre lang treu, bis der Tod sie dann schied. Khadija war die erste Anhängerin seiner neuen Religion und die Einzige seiner Ehefrauen, mit der er Kinder zeugte.

Als Mohammed etwa 40 Jahre alt war, hatte er Visionen in der Wüste und gründete den Islam. Als Prophet war es seine Aufgabe, dem Gemeinwesen klare Regeln zu geben – auch das Geschlechterverhältnis ordnete er neu. Im Koran finden sich viele partnerschaftliche Passagen: Frauen sollen sich ihren Mann selber suchen dürfen, Ehen kommen nur zustande, wenn beide Partner dies auch wünschen, eine Frau kann sich scheiden lassen, wenn der Mann impotent ist oder sie schlägt. Sex gilt als Bestandteil des Glaubens, als Geschenk Gottes. Seine Anhänger baten Mohammed nicht nur um spirituellen Rat, sondern stellten ihm auch alltägliche und intime Fragen. Von dem Propheten ist folgender Tipp überliefert:

»Keiner von euch soll über seine Frau herfallen wie ein Tier, und es soll ein Bote zwischen ihnen sein.« Als ein Zwischenrufer fragte: »Wer ist dieser Bote, oh Gesandter Gottes?«, antwortete Mohammed: »Der Kuss und süße Worte.«

Für ihn war der gemeinsame Orgasmus der Garant für eine lang währende Liebe. Es galt als ein schwerwiegendes Versagen, wenn ein Mann beim Vorspiel kein Geschick zeigte oder seine Partnerin unbefriedigt im Bett liegen ließ: »Wenn er seine eigenen Bedürfnisse gestillt hat, sollte er nicht aufstehen, bevor nicht auch sie zufrieden ist.«

Die Liebe seines Lebens fand der Prophet nach Khadijas Tod. Aisha bint Abi Bakr war die Tochter eines Freundes und gerade einmal sechs Jahre alt, als Mohammed sie zu seiner dritten Frau nahm (das Alter des Mädchens variiert in verschiedenen Quellen um bis zu zehn Jahre). Mohammed und Aisha waren unzertrennlich, sie tranken aus einer gemeinsamen Tasse und wenn er in den Krieg zog, begleitete Aisha ihn in einer Sänfte. War er allein unterwegs, fungierte sie als Stellvertreterin. Später wurde sie Richterin, Lehrerin und Mufti und gründete die erste Schule für islamisches Recht. Quellen zufolge hatte Aisha einen schwarzen Humor, ein starkes Temperament und große Freude am Kamelreiten. Allerdings litt sie wohl unter Gewichtsproblemen. Als Mohammed nach vielen Ehejahren mal wieder ein Wettrennen mit seiner Frau machen wollte, sagte Aisha, die »mehr Fleisch am Leib« hatte: »Oh Gesandter Allahs, wie kann ich in diesem Zustand mit dir um die Wette rennen?« Sie tat es dann aber doch – und unterlag. »Das ist für damals!«, rief er ihr zu und erinnerte sie daran, dass sie früher oft genug gewonnen hatte. Mohammed wusste, dass Charme und Humor das Leben wie die Liebe erleichtern. Er sagte: »Man soll mit ihnen scherzen, kosen und tändeln, denn das haben die Frauen gern.«

ROMEO UND JULIA UND KARL DER GROSSE

~

Einhard war ein wichtiger Mann am Hofe Karls des Großen in Aachen. Er verfasste gelehrsame Traktate, leitete die Schule für den höfischen Nachwuchs, baute Brücken, Burgen und Kirchen für den Kaiser und wurde bald dessen wichtigster Berater. Alle Franken liebten Einhard. Vor allem Imma, die schöne Tochter des Herrschers. Und Einhard erwiderte ihre Gefühle. Leider entstammte er nur dem Kleinadel und war keine standesgemäße Partie für die Prinzessin, die außerdem schon dem Thronfolger von Byzanz versprochen war. Es sah nicht gut aus für die beiden Liebenden. Aber wie es in diesen Fällen oft ist: Das Verbot erstickte die Gefühle nicht, sondern fachte sie an, immer weiter, bis alles in Flammen stand.

In einer Frühlingsnacht kam Einhard zu Imma, um »ihr von der Liebe zu erzählen«, wie Chronisten verschämt bemerkten. Als er sich noch vor dem Ruf der Lerche davonschleichen wollte, musste er bemerken, dass ein Schneeschauer den Burghof in eine makellos weiße Fläche verwandelt hatte. Seine Fußspuren wären unweigerlich entdeckt worden – und damit seine verbotene Affäre mit Imma. »Doch die schöne junge Frau, durch ihre Liebe kühn gemacht, wusste endlich Rat. Sie hob ihren Einhard auf ihre starken Schultern und trug ihn, noch ehe es richtig Tag wurde, über den Hof zu seiner Wohnung.« Ihre Fußabdrücke im Hof erregten weniger Verdacht.

Die rührende Romeo-und-Julia-Geschichte findet sich im *Lorscher Codex*, einer historischen Chronik, die im 12. Jahrhundert von Mönchen in der Stadt Lorsch am Mittelrhein verfasst wurde, bis ins 19. Jahrhundert wurde sie in etlichen Versionen erzählt. Der Wahrheitsgehalt der Legende ist nicht gesichert. Zwar gab es Personen dieses Namens am fränkischen Hof, sie waren sogar verheiratet, aber Imma war nicht die leibliche Tochter des Kaisers, sondern nur eine enge Verwandte. Eigentlich steht im *Lorscher Codex* aber keine Lovestory, sondern politische Propaganda: Die nachgeborenen Mönche erwähnen die Geschichte von Einhard und Imma nur, um die Seelengröße und den Sanftmut von Karl dem Großen zu betonen, der ihr Kloster einst vor gierigen Adeligen geschützt hatte.

Denn just in jener Nacht, als Imma ihren geliebten Gelehrten schulterte, konnte der Kaiser nicht schlafen, blickte aus dem Fenster und beobachtete die seltsame Szene auf dem Burghof. Als er Einhard zur Rede stellte, gestand dieser seine Liebe zu Imma. Statt seinen Berater hinzurichten, kam der Kaiser ins Grübeln, gab seinen Segen und hob Immas Verlobung mit dem Thronfolger von Byzanz auf. Als die Prinzessin erfuhr, dass ihrem Glück nichts mehr im Wege stand, so berichtet die Legende, »war ihr Gesicht wie von rosigem Purpur übergossen«.

855 n. Chr.

EIN ENGEL VERLANGT SEX

~

Géraud, Seigneur d'Aurillac, hatte alles, wovon ein Mann nur träumen konnte. Er lebte in einem Schloss in der Auvergne, herrschte über Tausende von Untertanen, ihm gehörten Weinberge, Apfelplantagen und Schafherden. Und er hatte eine edle, wunderschöne Frau geheiratet: Adaltrude, Comtesse d'Aurillac. Und genau das war das Problem. Denn Adelige müssen sich um ihren Stammbaum sorgen und legitime Nachfolger zeugen. Dafür aber hätte Géraud mit Adaltrude… Oh Gott, das wollte er sich lieber gar nicht ausmalen.

Die körperliche Liebe hatte im frühen Mittelalter ein derart schlechtes Image, dass sogar der Geschlechtsverkehr zum Zwecke der Reproduktion als anrüchig galt. Die ultraverklemmte Haltung lag einerseits darin begründet, dass ganz Europa im Frühmittelalter unter der Knute der Klöster stand. Die Mönche hatten nicht nur das Monopol im Bildungs- und Kulturbereich, sie rodeten auch die Wälder, bauten Straßen und Städte und organisierten den Agrarsektor. Weil der Klerus eine zentrale Stellung in der Gesellschaft einnahm, wurde das Ideal des keuschen, asketischen Lebens auch für das normale Volk zum Leitbild. Andererseits war die Missionierung des Kontinents gerade erst abgeschlossen, der Einfluss der heidnischen Kulturen immer noch spürbar – und in deren Riten und Alltag spielte Sexualität oft eine große Rolle. Sex, Begehren und Ekstase galten deshalb als gefährlich, als Teil einer archaischen und wilden Magie.

In Sagen und Legenden, den mündlich überlieferten Blockbustern der Zeit, ging es häufig um fromme Tugendbolde, die sich durch keine Versuchung vom richtigen Weg abbringen ließen. Eine populäre Anekdote aus dem sechsten Jahrhundert erzählt von einem frommen Diakon, der schwer vom Teufel bedrängt wurde. Erst zerstörte der Leibhaftige mehrmals die Hütte des armen Mannes. Als er feststellen musste, dass er den Eremiten nicht mit Gewalt von seinem Glauben abbringen konnte, wechselte er die Strategie und probierte es mit der Lust. Der Teufel nahm die Gestalt zweier nackter, junger Mädchen an und versuchte, den Mann ins Bett zu kriegen. Als der Einsiedler jedoch auch dieser Versuchung widerstand, bekam der Teufel einen Wutanfall und verprügelte den braven, keuschen Mann. Dann verschwand der Teufel. Ein großer Sieg für die Tugend und die Kräfte des Guten.

Géraud d'Aurillac aber war kein Einsiedler, sondern ein Adeliger mit gewissen Pflichten. Eines Nachts suchte ihn der Legende nach ein Engel auf und ermahnte ihn streng, nun bitte endlich seine Adaltrude zu schwängern. Das Kind werde nämlich ein berühmtes Kloster gründen – und dringend gebraucht. Und so fügte sich Géraud in sein Schicksal. Bald darauf, im Jahr 855, so steht es in einer Chronik des Benediktinerabts Odo von Cluny, wurde Géraud d'Aurillac Junior geboren. Und der Engel hatte nicht gelogen: Adaltrudes und Gérauds Sohn gründete tatsächlich ein berühmtes Kloster, die nach ihm benannte Abbaye Saint-Géraud d'Aurillac in der Auvergne. Außerdem verwirklichte er den Traum seines Vaters und lebte – obwohl er kein Mönch war – sein ganzes Leben lang keusch. Sechs Jahre vor seinem Tod erblindete Géraud der Zweite. Bis heute wird er als der Heilige der Junggesellen und Körperbehinderten verehrt.

DIE WIKINGER SCHOCKIEREN OKZIDENT UND ORIENT

~

Im frühen Mittelalter hatten die Wikinger nicht das allerbeste Image. Seit Ende des achten Jahrhunderts versetzten die Nordmänner ganz Europa in Angst und Schrecken, belagerten Speyer, Paris und Byzanz, plünderten, raubten und mordeten. Noch schockierender als die militärische Macht und Brutalität der Wikinger fanden Zeitgenossen deren sexuelle Freizügigkeit. Ibn Fadlan, ein Diplomat des Kalifen von Bagdad, stieß 922 an der Wolga auf einen Trupp Wikinger, die gerade ihren Anführer beerdigt hatten. Den Kummer ließen sich die Krieger nicht anmerken, zehn Tage lang tobte das Trauerritual. Es gab Alkohol, fettiges Essen, Musik und öffentlichen Sex. Ibn Fadlan schrieb: »Jeder von ihnen hat eine Ruhebank, worauf er sitzt, und bei ihnen sind die für die Handelsleute bestimmten schönen jungen Sklavenmädchen anwesend, und er wohnt seinem Sklavenmädchen bei, während sein Genosse zuschaut.«

150 Jahre später kam der Kleriker und Historiker Adam von Bremen zu einem ähnlichen Urteil: »Im Hinblick auf Frauen kennen die Dänen keine Mäßigung. Jeder hat nach seinem Vermögen zwei oder drei Weiber, ein Reicher oder ein Häuptling aber unzählige.« Im Reich der Franken nannte man diese Vielweiberei sogar »Ehen nach dänischer Art«.

Auch wenn sie sich nicht auf Raubzügen befanden, war Monogamie für die skandinavischen Krieger nicht die bevorzugte Lebensweise. In den Sagen der Wikingerzeit ist häufig vom »verbotenen Liebesbesuch« die Rede, der den Frieden stört. Unverheiratete Männer verärgerten andere Familienclans, weil sie deren Töchter zwar regelmäßig »besuchten«, aber keine Anstalten machten, sie zur Frau zu nehmen. Und auch wenn sie doch irgendwann im Hafen der Ehe einliefen, schliefen die meisten Nordmänner weiterhin mit Sklavinnen und Bediensteten. Das isländische Gesetz etwa erlaubte dem Mann ganz offiziell, »Sklavinnen für seine körperlichen Freuden« zu erwerben. Die Frauen der Wikinger hatten weniger Rechte. Immerhin gaben sich die Wikinger offenbar große Mühe, ihren Geliebten zu gefallen. Sie kämmten sich täglich die Haare und badeten jeden Samstag. Der Chronist John of Wallingford beschwerte sich, dass »die Dänen auf fast schon lächerliche Weise reinlich« seien.

1000 n. Chr.
DER GEILE BEICHTVATER

~

Es sollte der katholischen Kirche zu denken geben, dass die erste Beschreibung eines Umschnalldildos in der Literatur ausgerechnet der Feder eines Star-Geistlichen entsprang. Im Jahr 1000 verfasste Bischof Burchard von Worms eine Art Best-Practice-Ratgeber für das Sakrament der Beichte. Um unangenehme Stille im Beichtstuhl zu vermeiden, empfahl der Bischof eine Reihe von Fragen, welche die Priester den armen Sündern stellen sollten. Zum Beispiel: »Hast du getan, was manche Frauen zu tun pflegen, nämlich irgendein Werkzeug oder Gerät gemacht, das einem männlichen Glied gleicht, nach dem Maß deines Verlangens, und hast du dies mit Bändern festgemacht an der Stelle deiner Schamteile oder an einer anderen und hast du Unzucht getrieben mit anderen Frauen? Oder haben andere Frauen mit demselben oder einem anderen Instrument Unzucht getrieben mit dir?«

Im frühen Mittelalter sah die Kirche ihre Hauptaufgabe darin, gegen den Sex zu kämpfen. Das Begehren verführt den Menschen zur Sünde – Adam und Eva sind dafür das beste Beispiel. Sogar in der liberalen Interpretation von Thomas von Aquin ist Sexualität nur dann gut, wenn sie direkt der Fortpflanzung dient. Oralsex, Analsex und der Geschlechtsverkehr mit einer menstruierenden Frau waren verboten, ebenso wie bestimmte Beischlafpositionen, die als »tierisch« oder »lustfördernd« galten – der Coitus a Tergo etwa, den man heute Doggystyle nennt. Den Kampf für das lustbefreite Leben führten die Priester von der Kanzel aus und setzten ihn selbstverständlich im Beichtstuhl fort. Dokumente deuten darauf hin, dass man damals in Beichtgesprächen weniger über Mord, Gotteslästerung und andere Verstöße gegen die Zehn Gebote sprach, sondern vor allem über: das Eine.

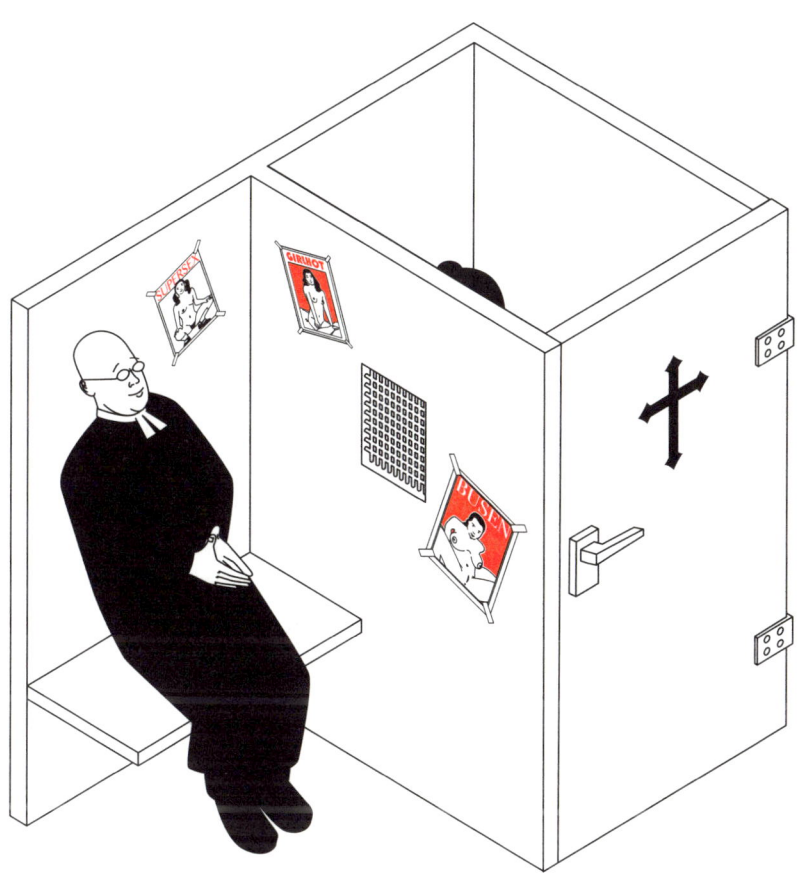

Burchard von Worms beschreibt Sünden sexueller Natur in seinem Bußkatalog auf quasi pornografische Art und Weise. Neben dem Umschnalldildo, dessen Gebrauch mit fünfjährigem »Fasten an bestimmten Tagen« zu sühnen war, interessierte sich der Bischof auch für andere Praktiken der lesbischen Liebe: »Hast du getan, was manche Frauen gewohnt sind zu tun, wenn sie von quälender Lust geplagt werden und diese lindern wollen? Sie verbinden sich, als ob sie Sex miteinander haben dürfen und können und verbinden ihre Geschlechtsteile miteinander und wollen dann, durch sich so aneinander zu reiben, ihrer beider Lust lindern. Wenn du das getan hast, musst du drei Fastenzeiten lang an den festgesetzten Tagen Buße tun.« Ebenso wollte er wissen: »Hast du getan, was manche Frauen gewohnt sind zu tun; hast du dich nämlich unter ein Lasttier gelegt und hast du das Tier zum Geschlechtsverkehr gebracht auf welche Art auch immer und hat es so Sex mit dir gehabt? Wenn du dies getan hast, musst du eine Fastenzeit lang auf Wasser und Brot büßen und die nächsten sieben Jahre lang Buße tun und du wirst niemals völlig ohne Buße sein.«

Unklar bleibt, woher Burchard von Worms seine detaillierten Kenntnisse der weiblichen Sexualität bezog. Hatten ihm verzweifelte Sünderinnen, die sich vor der Hölle fürchteten, ihre Verfehlungen gebeichtet? Oder entsprangen die Hardcoreszenen seiner eigenen Fantasie? Der krampfhafte Kampf der Kirche gegen Sex und sündhafte Lust war aber womöglich ohnehin kontraproduktiv. Das Bußbuch von Burchard von Worms liest sich wie eine Art Sexratgeber. Die Beichtväter, für die das Buch verfasst wurde, könnten durch ihre detaillierten Fragen ihre unschuldigen Schäfchen überhaupt erst auf schmutzige Gedanken gebracht haben.

EIN DEUTSCHER KAISER KÄMPFT FÜR SEINE LUST

~

Heinrich IV., der deutsche Kaiser, der sich mit dem Papst einen epischen Kampf um die Macht lieferte und im Jahr 1077 auf der Burg Canossa um Gnade und die Aufhebung des päpstlichen Bannfluchs flehen musste, hatte auch ziemlichen Ärger mit seiner Ehefrau, Bertha von Savoyen. Heinrich IV. konnte nicht einmal ihren Anblick ertragen, wie der Chronist Bruno von Magdeburg berichtete: »Seine schöne und edle Gemahlin Bertha war ihm derart verhasst, dass er sie nach der Hochzeit aus freien Stücken niemals mehr sah, da er auch die Hochzeit selbst nicht mit freiem Willen gefeiert hatte.«

Könige und Kaiser lebten zwar auf schönen Schlössern und wurden in Sänften umhergetragen, andererseits unterlagen sie aber auch den Zwängen von Tradition, Machtpolitik und höfischem Protokoll. Heinrich IV. hatte schon als Kind lernen müssen, dass seine Gefühle und Bedürfnisse keine Rolle spielten. Als sein Vater im Jahr 1056 starb, war Heinrich sechs Jahre alt. Er folgte seinem Vater auf den Thron, seine Mutter Agnes fungierte zunächst als Interimsregentin. Viele wichtige Fürsten und Würdenträger misstrauten jedoch der Frau an der Staatsspitze. Als Heinrich elf Jahre alt war, ließ ihn der Erzbischof von Köln entführen, um die Erziehung zu übernehmen und jedes Detail seines Lebens zu bestimmen – auch seine Frau durfte sich der Teenager nicht aussuchen. 1066 wurde er in Würzburg mit Bertha vermählt. Kein Wunder, dass der junge Mann irgendwann begann, gegen die fremden Kräfte, die sein Leben bestimmten, zu rebellieren.

Drei Jahre nach der Hochzeit verlangte Heinrich IV. die Scheidung – auf bemerkenswerte Weise: »Der König erklärte öffentlich vor den Fürsten, er stehe sich mit seiner Gemahlin nicht gut. Er könne ihr nichts vorwerfen, was eine Scheidung rechtfertige, aber er sei nicht imstande, die eheliche Gemeinschaft mit ihr zu vollziehen«, berichtete Bruno von Magdeburg. Und Heinrich hatte genaue Vorstellungen, wie die Trennung ablaufen sollte: »Er bitte sie, die Trennung freudwillig zu dulden, damit er ihr und sie ihm den Weg zu einer glücklicheren Ehe eröffne. Und damit niemand den Einwand erheben könne, ihre einmal verletzte Keuschheit sei ein Hindernis für eine zweite Eheschließung, so schwöre er, dass sie so sei, wie er sie empfangen habe, unbefleckt und in unversehrter Jungfräulichkeit.«

Eine Scheidung war im 11. Jahrhundert durchaus möglich, solange man gute, also für das Establishment nachvollziehbare Gründe vorbringen konnte: unfruchtbare Gattin, gefährdete Stammbäume, solche Sachen. Heinrich IV. aber gab öffentlich zu, dass er seine Frau nicht sexy fand und bat, sich anderweitig umschauen zu dürfen. Der Papst, der das Ehegelöbnis hätte auflösen müssen, lehnte ab.

Das Sexleben des Königs sorgte aber weiterhin für Skandale. »Zwei oder drei Kebsweiber hatte er zu gleicher Zeit, aber auch damit war er noch nicht zufrieden«, berichtete empört Bruno von Magdeburg (Kebsweib ist ein mittelalterlicher Begriff für Mätresse). Ob alle Gerüchte über sexuelle Eskapaden und royale Sexorgien der Wahrheit entsprachen, ist unklar, da viele wohl in verleumderischer Absicht gestreut wurden. Fest steht, dass Heinrich IV. alles andere als ein keuscher Mensch war und immer wieder zu einem gefährlichen Potenzmittel griff: der Spanischen Fliege. Dieser primitive Viagra-Vorläufer (Das blaue Wunder, S. 190) wurde aus einer Ölkäferart gewonnen, die zur Abwehr von Fressfeinden das Nervengift Cantharidin produzierte. Zerreibt man die getrockneten Insekten und verzehrt das Pulver, wird die männliche Harnröhre derart gereizt, dass sich eine Erektion einstellt. Die Spanische Fliege hat allerdings einige Nebenwirkungen, eine Überdosis kann neben einer schmerzhaften Dauererektion auch zu Leberschäden und Nierenversagen führen.

Es ist nicht bekannt, ob Heinrich IV. das Potenzmittel einsetzte, um seinen ehelichen Pflichten nachzukommen. Der König und seine Frau Bertha arrangierten sich mit den Jahren allerdings doch miteinander, sie bekamen fünf Kinder – und beim beschwerlichen Gang nach Canossa wich Bertha nicht von Heinrichs Seite.

PARTNERTAUSCH AM POLARKREIS

~

Um in der endlosen Eiswüste der Arktis überleben zu können, muss man nicht nur die Kälte ertragen können, sondern auch die Einsamkeit. Etwa um das Jahr 1100 nach Christus stießen die Inuit von Alaska nach Grönland vor und begründeten dort die Thule-Kultur. Die Ureinwohner lebten meist in kleinen, isolierten Gemeinschaften, die selten mehr als drei Dutzend Menschen umfassten. Im Umkreis von Hunderten von Kilometern gab es nur Eis und Schnee, ein paar Bären, Wale und Robben, die man jagen konnte.

Die Abgeschiedenheit bedrohte den Fortbestand der Inuit-Stämme ganz konkret. Weil die Auswahl der potenziellen Sexualpartner in den kleinen Siedlungen überschaubar blieb, waren irgendwann zwangsläufig alle Einwohner miteinander verwandt. Offenbar war den arktischen Ureinwohnern die Gefahr des Inzests durchaus bewusst, denn sie ließen sich eine interessante Überlebensstrategie einfallen: *Areodjarekput*. Auf Inuit bedeutet das »Ehenfrauentausch, aber nur für einge Tage«.

Einmal im Jahr machte die Dorfgemeinschaft einen Jagdausflug und reiste mit Hundeschlitten und Booten zur nächsten Siedlung. Das dauerte zwar ein paar Wochen, lohnte sich aber. Denn die Stämme tauschten nicht nur Robbenfelle und Werkzeug aus Walknochen, sondern auch ihre Partner. Überwacht wurde das Ritual vom Dorfschamanen, der jeder Inuitgruppe vorstand: dem *Angakkoq*. Der organisierte das so genannte »Lampenlöschspiel«, bei dem die Gäste auf die Hütten der Gastgeber verteilt wurden, sodass sich neue Paare bildeten. Wenn sich alle auf den Eisbärfellen ausgestreckt hatten, ging der *Angakkoq* herum und löschte die Tranlampen.

Die Inuit kannten weder Privateigentum noch Klassenunterschiede und waren überhaupt recht großzügige Menschen. Wurde neun Monate nach dem Lampenlöschspiel ein Kind geboren, benannten die Eltern es nach dem Gastgeber, der während des *Areodjarekput* seinen Partner verliehen hatte.

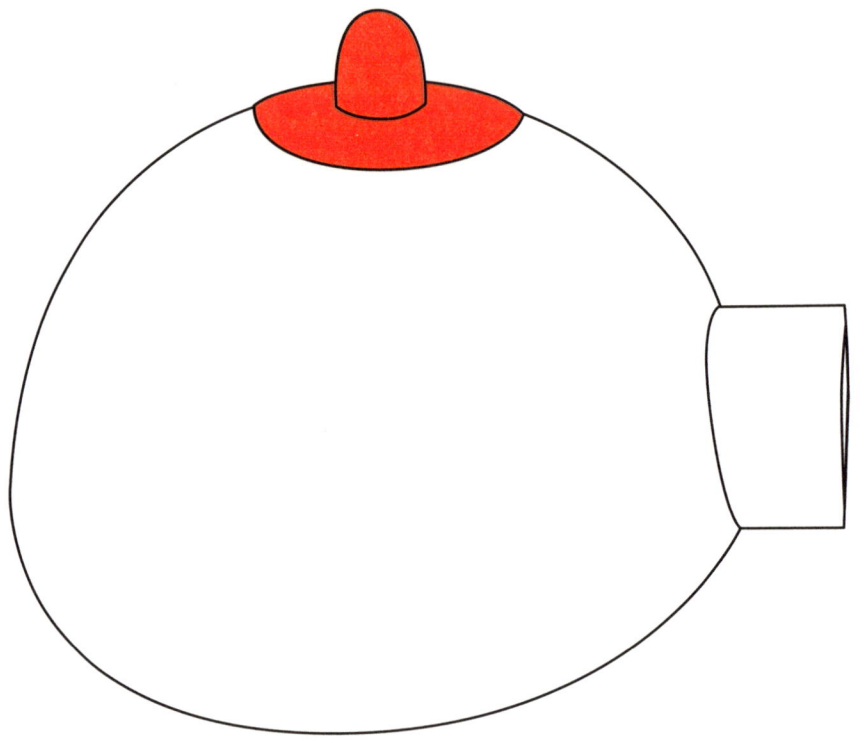

HILDEGARD VON BINGEN ENTDECKT DEN ORGASMUS

~

»Als ich zweiundvierzig Jahre und sieben Monate alt war, kam ein feuriges Licht mit Blitzesleuchten vom offenen Himmel hernieder. Nun erschloss sich mir plötzlich der Sinn der Schriften, des Psalters, des Evangeliums und der übrigen katholischen Bücher.« Mit diesen ekstatischen Worten beschrieb Hildegard von Bingen, wie es sich anfühlt, in direkten Dialog mit dem Allmächtigen zu treten und seine Kraft zu spüren. Zunächst habe sie trotz der Visionen ihr Leben nicht verändern wollen, »bis Gottes Geißel mich auf das Krankenlager warf. Da endlich legte ich, bezwungen durch die vielen Leiden, Hand ans Schreiben.«

In den folgenden Jahren verfasste die berühmte Nonne im Benediktinerinnenkloster Rupertsberg unzählige Texte, in denen sie unter anderem die verkorkste Dreiecksbeziehung zwischen Gott, Teufel und Menschheit analysierte. Zwischen 1150 und 1160 schrieb sie die naturkundlichen Lehrbücher *Causae et curae* und *Physica*. Darin befasst sie sich beispielsweise mit der segensreichen Wirkung von Ballaststoffen auf den menschlichen Darm und empfiehlt Patienten mit Nackenschmerzen, sich eine tote Maus zwischen die Schulterblätter zu legen. Viel spektakulärer aber ist, dass die Vorzeigenonne Hildegard von Bingen auf dem Höhepunkt christlicher Triebfeindlichkeit (Der geile Beichtvater, S. 68) mit großer Lust über die weibliche Lust schreibt. Mädchen, notierte von Bingen, würden ab dem zwölften Lebensjahr bei »schlüpfrigen Fantasien« den »Schaum der Wollust« auswerfen, der sich im Vergleich zum männlichen Ejakulat aber so verhalte wie ein Bissen zum ganzen Brot. Der Sexualtrieb lasse bei Frauen erst ab dem 70. Lebensjahr nach. Zuvor aber können sie, so hielt die Nonne fest, viel Spaß im Bett haben: »Ist die Frau in Vereinigung mit dem Manne, so kündet die Wärme in ihrem Gehirn, die das Lustgefühl in sich trägt, den Geschmack dieses Lustgefühls bei der Vereinigung vorher an. Fast gleichzeitig damit ziehen sich die Nieren der Frau zusammen, und alle Teile, die während des Monatsflusses zur Öffnung bereitstehen, schließen sich so fest, als wenn ein starker Mann irgendeinen Gegenstand in seiner Hand fest verschließt.«

Damit lieferte Hildegard von Bingen eine der ersten detaillierten Beschreibungen des weiblichen Orgasmus. Woher sie die intime Kenntnis von den Zuständen sexueller Erregung nahm, ist unklar. Hat die Nonne, die ja eigentlich mit Jesus verheiratet war, womöglich doch nicht keusch gelebt? Oder hatten ihr andere Frauen von ihren Erfahrungen berichtet? Die berühmte Mystikerin war permanent von weiblichen Groupies umringt, die an ihren Lippen hingen und die ihrem Idol sicherlich jede erdenkliche Frage beantwortet hätten. Die katholische Kirche jedenfalls hat sich an dem expliziten Hintergrundwissen der Nonne nicht gestört. 2012 sprach Papst Benedikt XVI. Hildegard von Bingen heilig.

DSCHINGIS KHAN BETREIBT NACHHALTIGE POLITIK

~

»Der Urahn Dschingis Khans war ein vom Ewigen Himmel erzeugter, schicksalserkorener grauer Wolf. Seine Gattin war eine weiße Hirschkuh.« So steht es im Nationalepos *Geheime Geschichte der Mongolen*, das Mitte des 13. Jahrhunderts entstand, und in dem der größte Sohn des Volkes gefeiert wird. Tatsächlich hat der Nachfahre des Wolfs und der weißen Hirschkuh die Welt verändert wie nur wenige Menschen. Temüdschin (tartarisch für »der

Schmied«) wurde vermutlich 1162 geboren und herrschte zwischen 1206 und 1227 als Großkahn der Mongolen, er revolutionierte die Militärstrategie und besiegte mit seinen beweglichen Reitertrupps gegnerische Truppen, die den seinen zahlenmäßig weit überlegen waren. Dschingis Khan verwandelte die mongolische Stammesgesellschaft in eine Militäraristokratie mit straff gelenkter Verwaltung und führte die Schrift ein. Sein Riesenreich reichte auf dem Höhepunkt seiner Ausdehnung von Korea und China bis nach Ungarn und Polen, vom Pazifik bis an die Donau. Dschingis Khan hat aber auch auf ganz andere Weise Spuren in der Welt hinterlassen: im Genpool.

Der Herrscher hatte wohl nicht nur »Feuer in den Augen«, wie die *Geheime Geschichte* schwärmte, sondern war auch sonst ziemlich hot. Der persische Historiker Ata al-Mulk Dschuwaini, der die Mongolei kurz nach dem Tod des Herrschers besichtigte, hatte vor seiner Reise schon gehört, dass Dschingis Khan viele Kinder gezeugt habe. Was er dann sah, überstieg alle seine Erwartungen. Er schrieb: »Heute leben über 20000 in Komfort und Wohlstand. Mehr als das werde ich nicht sagen, damit künftige Leser dieses Textes den Autor nicht der Übertreibung und Überzeichnung bezichtigen und fragen, wie aus den Lenden eines Mannes in so kurzer Zeit so eine große Nachkommenschaft entspringen kann.«

Die fünfstellige Zahl klingt doch ein wenig übertrieben, mehrere Hundert Kinder hat Dschingis Khan aber vermutlich tatsächlich gezeugt. Und diese Kinder pflanzten sich natürlich weiter fort. Gentests haben gezeigt, dass bis zu 16 Millionen heute lebender Männer in direkter Linie von Dschingis Khan abstammen, vor allem in der Mongolei, aber auch in China und Russland.

Es ist zu vermuten, dass der allmächtige Kahn viele Frauen gegen ihren Willen nahm. Oft wurden ihm Sklavinnen und weibliche Gefangene zugeführt, von denen es aufgrund des permanenten Kriegszustands genug gab. Diese Gier und Rücksichtslosigkeit wurden ihm womöglich zum Verhängnis. Dschingis Kahn starb 1227 während eines Feldzugs

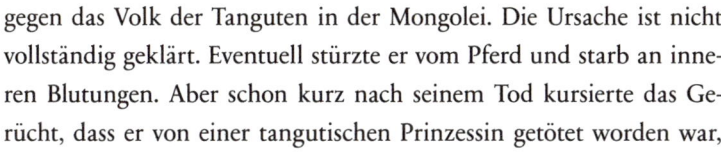

gegen das Volk der Tanguten in der Mongolei. Die Ursache ist nicht vollständig geklärt. Eventuell stürzte er vom Pferd und starb an inneren Blutungen. Aber schon kurz nach seinem Tod kursierte das Gerücht, dass er von einer tangutischen Prinzessin getötet worden war,

die sich gegen ihre Vergewaltigung zur Wehr gesetzt und ihn entmannt hatte. Die geheime Geschichte der Mongolen, die sonst so blumig und ausschweifend berichtet, hält sich an dieser Stelle mit Spekulationen zurück und schreibt nur einen einzigen Satz zum Tod des Herrschers: »Im Schweinejahr stieg Dschingis Khan zum Himmel auf.«

1265 n. Chr.

MARCO POLO UND DIE PROMISKUITÄT

~

Im Jahr 1265 reiste Marco Polo mit seinem Vater und seinem Onkel über Zentralasien nach China. Im Südwesten des Landes traf der damals 17-jährige Venezianer auf das seiner Meinung nach sehr merkwürdige Volk der Mosuo. In seinem Reisebericht schrieb er: »Sie finden es nicht anrüchig, wenn ein Fremder mit ihren Frauen, ihren Schwestern und Töchtern nach Hause geht. Im Gegenteil: Sie halten das für einen großen Vorteil, weil sie denken, dass auf diese Weise ihre Götter verehrt werden und sie im Gegenzug reich beschenken. Und so schwelgen Fremde oft für mehrere Tage im Bett mit den Frauen eines dieser armen Büffel.«

Die Mosuo leben schon seit langer Zeit am Ufer des chinesischen Lugu-Sees und sind eine der wenigen matrilinear organisierten Gesellschaften auf der Welt. Sobald ein Mosuo-Mädchen im Alter von 13 Jahren erwachsen wird, bekommt es ein sogenanntes *babahuago*, ein Blumenzimmer, das zwei Türen hat. Eine führt in den Innenhof ihres Hauses – die Sphäre der Familie –, eine auf die Straße hinaus. In dem Blumenzimmer darf die Frau empfangen, wen sie will. Es können mehrere Männer pro Nacht kommen oder immer derselbe Liebhaber. Die einzige Regel: Die Nachtgäste müssen zum Sonnenaufgang verschwunden sein.

Bei den Mosuo gibt es keine Heirat. Statt der Begriffe Ehemann oder Ehefrau kennen die Mosuo nur den augenblicklichen Intimpartner, den *azhu*. Dieses Prinzip der Partnerwahl nennt sich *sese*, was »miteinander gehen« bedeutet. Wird eine Mosuo-Frau schwanger, muss sie zwar nicht wissen, welcher *azhu* dafür verantwortlich ist. Denn die Erziehung der Kinder teilt sie sich mit ihrer Großfamilie, ihrer eigenen Mutter, ihren Schwestern und Brüdern. In der Regel kennt jedoch eine Mosuo-Mutter den Vater ihrer Kinder.

Der Weltreisende Marco Polo, der durch das mittelalterliche Patriarchat geprägt war, fand die Promiskuität der Mosuo-Frauen so verwirrend, dass er davon ausgehen musste, dass es sich um einen abergläubischen Kult handelte. Was sonst sollte die bemitleidenswerten Mosuo-Männer, diese »armen Büffel«, dazu bringen, ihren Frauen zu erlauben, sexuell selbstbestimmt zu leben? Nichts hätte falscher sein können als diese Theorie. Bei den Mosuo hatten einfach alle so viel Sex, wie sie wollten. Man sprach nicht genau darüber, mit wem man was hatte. Sex galt als angenehm, wurde aber nicht als das Leben bestimmend erachtet. Man machte sich locker.

Und noch in einer Hinsicht unterschieden sich die Mosuo von der dunklen, blutigen Welt, aus der Marco Polo stammte: Sie lebten in einer fast schon paradiesischen Gemeinschaft, in der Konkurrenz, Neid, Missgunst, Habgier und Gewalt kaum vorkamen. Noch nicht einmal in der Sprache. Die Mosuo haben keine eigenen Worte für »Raub«, »Mord« oder »Krieg«. Diese Gesellschaftsstruktur, die Marco Polo einst so verstörte, existiert bis heute am Ufer des Lugu-Sees.

DIE EROTIK DER BEULENPEST

~

Masetto ist jung, hübsch, kräftig und leider arbeitslos. Als er sich in einem Nonnenkloster um eine Stelle als Gärtner bewirbt, gibt er sich als taubstumm aus, weil er wohl darauf hofft, dass ihn die Behinderung harmlos und hilfsbedürftig erscheinen lässt. Der Plan funktioniert, Masetto bekommt den Job. Allerdings beginnen die acht Nonnen sofort, sich mit dem Behinderten, der ja vermeintlich stumm ist und sie nicht verpetzen kann, im Bett zu vergnügen. Sogar die Äbtissin ruft ihn in ihre Zelle und lässt ihn erst nach ein paar Tagen wieder gehen. Irgendwann bricht Masetto zusammen, behauptet, wie durch ein Wunder sein Gehör und die Sprache wiedererlangt zu haben und ruft aus: »Madonna, wohl habe ich gehört, dass ein Hahn auf zehn Hennen genug ist; man hat mir aber auch gesagt, dass zehn Männer kaum oder gar nicht imstande sind, ein Weib zu sättigen, wo ich doch ihrer neune bedienen muss.« Die Nonnen erschrecken fürchterlich und befördern ihn zum Verwalter des Klosters. Masetto kann für den Rest seines Lebens eine ruhige Kugel schieben und den Nonnen weiterhin ein braver Liebhaber sein.

Diese Anekdote hat Giovanni Boccaccio in seiner Geschichtensammlung *Das Dekameron* festgehalten, die er zwischen 1351 und 1353 verfasste. Die Rahmenhandlung spielt in einem Landhaus in den Hügeln von Florenz, wohin sich sieben Frauen und drei Männer vor der Pest geflüchtet haben. Um sich die Zeit zu vertreiben, erzählen sie sich an zehn Tagen jeweils zehn Novellen, darunter eben die Geschichte vom glücklichen Masetto. Die Stimmung in der Runde ist schwül, die Sexszenen werden explizit beschrieben. Es geht um Ehebruch und sexuelle Freizügigkeit, derbe Erotik und immer wieder: die unersättlichen Frauen. Nebenbei bekommen *Dekameron*-Leser auch ein paar alltagstaugliche Tipps, etwa zur Logistik des Seitensprungs: Statt im Kleiderschrank solle die Frau ihren Liebhaber besser in einem großen, leeren Fass verstecken, das ja bekanntlich in jedem Haus herumsteht. Wenn der Ehemann überraschend kommt, sagt man ihm, dass man endlich einen Käufer für das alte Fass gefunden habe, der es in diesem Moment von innen inspiziere. Dann klettert der Liebhaber heraus und beschwert sich über den Schmutz an der Fassinnenseite. Dem Ehemann bleibt keine Wahl, als seinerseits in das Fass zu klettern und es gründlich zu säubern. Und während die Frau über den Rand hinweg Anweisungen gibt, findet sie noch einmal Zeit für den Geliebten: »So trat er dicht hinter sie und befriedigte seine Jugendlust in derselben Art, wie in den weiten Steppen die zügellosen und brünstigen Rosse über die Stuten Parthiens herzufallen pflegen, und vollendete sie fast im selben Augenblick, da das Fass ausgeschabt.«

Mit dem *Dekameron* hat Boccaccio auch seine Erfahrung mit der Pest verarbeitet, die 1348 in Florenz wütete und mehr als die Hälfte der wohl 100 000 Einwohner dahinraffte, darunter auch Boccaccios Vater. Die stilbildende Geschichtensammlung erinnert daran, dass man das Leben genießen sollte. Boccaccio hat einmal gesagt: »Es ist besser, zu genießen und zu bereuen, als zu bereuen, dass man nicht genossen hat.«

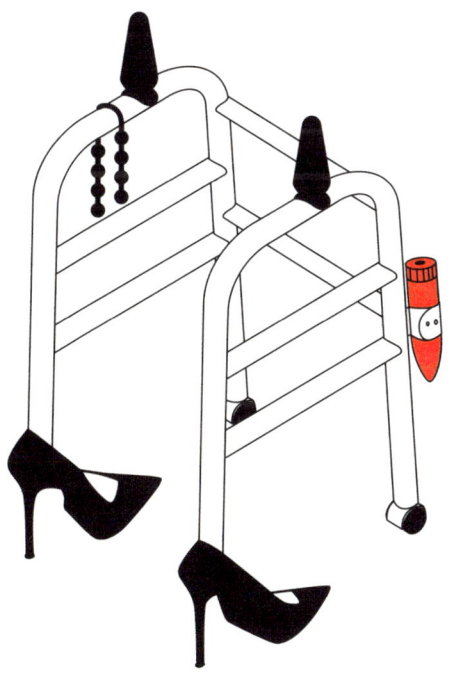

1400 n. Chr.

DIE UNSTERBLICHE LUST
DER AZTEKEN

~

»Der mit der Hinterhauptlocke kann tatsächlich sprechen! Kannst du wirklich sprechen? Kümmere dich lieber darum, wie du deine Hinterhauptlocke loswirst!« Solche Sprüche warfen junge Aztekinnen ihren männlichen Altersgenossen an den Kopf, wenn sie keine Lust auf sie hatten. Die Locke war ein Makel, sie wurde nur von Männern getragen, die im Kampf noch keinen Gefangenen gemacht hatten. Von der fiesen Flirtabwehr berichtete der Mönch Fray Bernardino de Sahagún in der 1569 fertiggestellten aber niemals veröffentlichten *Historia General de las Cosas de la Nueva España*, dem Standardwerk über die Kultur der Azteken. Diese lebten zwischen dem 14. und 16. Jahrhundert in Mittelamerika. Die Frauen fanden männliche Stärke und Tollkühnheit attraktiv und hatten kein Interesse an sensiblen Verlierertypen: »Stinkende Haarlocke, bist du nicht auch nur eine Frau wie ich? Deine Scheiße ist auch noch nirgendwo anders verbrannt worden.«

Die Azteken haben ein ziemlich hartes Image, was zum einen daran liegt, dass ihre Priester die Gefangenen mit scharfen Steinmessern töteten, weil irgendein Gott mit Blut ruhiggestellt werden musste. Zum anderen hinterließen sie, anders als Nachbarkulturen (Porno-Vasen aus Peru, S. 61), keine erotische Kunst.

Tatsächlich interessierten sich die Azteken nicht nur für Kriege und religiöse Gewaltorgien, sondern pflegten eine freizügige und recht emanzipierte Sexualität. Liebesheiraten waren keine Seltenheit. Bis zur Geburt des ersten Kindes konnten Frau und Mann auf Probe zusammenleben und durften die Bindung auch wieder lösen. Und bei rituellen Trinkfesten, die alle vier Jahre stattfanden, um die Aufnahme von Kindern in die Gesellschaft zu feiern, ging es hoch her. Fray Bernardino de Sahagún schreibt: »Alle sind trunken, auch die Erwachsenen. Sie sind ganz rot im Gesicht, sie lärmen, sie keuchen, sie wälzen sich einer über den anderen.«

Frauen genossen bei den Azteken großen Respekt. Wenn ein Neugeborenes das Licht der Welt erblickte, stieß die Hebamme einen Kampfschrei aus. Die Mutter hatte nämlich, so sah man das damals, eine wilde, blutige Schlacht geschlagen (und mit dem Kind einen ganz besonderen Gefangenen gemacht). Die Frauen setzten sich nicht nur selbstbewusst gegen ungewollte Avancen der Männer zur Wehr, ihnen wurde auch eine große sexuelle Energie zugesprochen – und zwar bis ins hohe Alter hinein. In einer überlieferten Geschichte erwischt ein aztekischer Herrscher zwei alte Frauen beim Sex mit jungen Priestern. Er fragt sie: »Großmütter, hört! Habt ihr etwa immer noch Verlangen nach den irdischen Dingen, seid ihr nicht abgekühlt, da ihr doch schon so alt seid?« Die Damen antworten: »Ihr Männer, ihr seid ohne Lust, ihr seid verbraucht, es ist vorbei, da ist keine Begierde mehr. Doch höre, wir Frauen, wir haben Lust! Denn eine Höhle, ein Abgrund ist in uns, die nur das erwartet, was ihre Gabe ist. Und deshalb, wenn du nicht mehr fähig bist, wenn du es nicht mehr schaffst, wozu sollst du dann noch gut sein?«

DIE ERFINDUNG
DES KEUSCHHEITSGÜRTELS

~

Der bayerische Kriegstechniker Konrad Kyeser war mehrere Jahre mit einem Söldnerheer in Italien unterwegs und nahm seit 1394 auch an den Kreuzzügen des ungarischen Königs Sigismund gegen die Osmanen teil. 1405 fasste er in einer reich bebilderten Prachthandschrift zusammen, was er in den Waffenkammern und auf den Schlachtfeldern gesehen hatte. Das Buch *Bellifortis* (der Kampfstarke) war eine Art Best-of-Bilderbuch des Krieges. Neben Illustrationen von Waffen und Folterwerkzeugen findet sich in dem Band auch eine Abbildung eines Stahltangas, unter dem Kyeser notierte: »Das sind harte eiserne Hosen, die vorne verschlossen werden können, getragen von Florentiner Frauen.«

Die Eisenhose war ein angesagtes Mode-Item im Mittelalter. Viele Theologen empfahlen den »Keuschheitsgürtel«, man wisse ja, was passiere, wenn man das »Fleisch« nicht zügle. Die Erfindung leuchtete auch den Rittersleuten ein, die sich sorgten, dass ihre Frauen mit Drückebergern und Stallknechten schliefen, während sie auf Kreuzzügen die Muselmanen und ihre eigenen Sünden bekämpften. Wie praktisch, wenn man seiner Gattin vor der großen Fahrt einen Gürtel anlegen konnte, dessen eiserne Schlaufen, die sich um die Hüfte und zwischen den Beinen hindurchschlangen, jede Art von Beischlaf unmöglich machten. Den Schlüssel zu diesem Sex-Schatz trug man dann immer bei sich und nah am Herzen. Noch heute hängen in vielen Museen rostige Verhütungsmittel, die auch »Florentiner« oder »Florentiner Gürtel« genannt wurden. Das Problem ist nur: Es gab keine Keuschheitsgürtel im Mittelalter. Es handelt sich um einen Mythos, der damals erfunden und besonders im verklemmten 19. Jahrhundert verbreitet wurde. Anscheinend fragte sich niemand, wie die Frauen diese Konstruktionen während der Kreuzzüge, die mehrere Monate oder Jahre dauerten, hätten tragen sollen? Die empfindliche Haut zwischen den Beinen hätte sich doch innerhalb kürzester Zeit wundgescheuert und entzündet. Bereits die indiskrete, aber naheliegende Detailfrage, wie sich die armen Burgfrauen unter diesen Bedingungen eigentlich hätten erleichtern sollen, hätte misstrauisch machen müssen.

Die Keuschheitsgürtel aus den historischen Sammlungen gelten heute als Fälschungen. Der grundlegende Fehler war, dass man die mittelalterlichen Quellen zu wörtlich genommen hatte. Wenn Theologen wie Bernhard von Clairvaux vom »Gürtel der Keuschheit« sprachen, war das metaphorisch gemeint. Und auch das Kriegsbuch von Konrad Kyeser hätte man etwas genauer unter die Lupe nehmen sollen. Dem Autor ging es wohl eher darum, sich über die übersteigerte Angst und die Eifersucht der Männer vor der untreuen Frau lustig zu machen. Der Mann hatte Fantasie und Humor und behauptet in seinem nur scheinbar seriösen Buch nicht nur, dass Alexander der Große ein Zauberer war, sondern stellte auch so nützliche Werkzeuge wie Tarnkappen und Furzkanonen vor.

1450 n. Chr.

SEXUELLER LEISTUNGSDRUCK IN DER RENAISSANCE

~

Martin Luther aß gern, trank gern und war ein Freund der körperlichen Liebe. Und anders als seine katholischen Widersacher machte er aus seinen Vorlieben keinen Hehl. Luther hatte sogar eine Faustregel entwickelt, wie regelmäßig ein Ehepaar miteinander schlafen sollte: »Die Woch zwier, der Weiber Gebühr, Schadet weder mir noch dir, Macht's Jahr Hundertvier.« Im Vergleich zu seinen Zeitgenossen war der Religionsrevoluzzer, der 1517 seine 95 Thesen an die Tür der Schlosskirche zu Wittenberg nagelte, sogar recht zurückhaltend. Ein damals populäres Sprichwort stellte hohe Ansprüche an die Männer: »Einmal ist der Jungfern Vorkost, zweimal ist der Herren Weise, dreimal ist des Edelmanns Pflicht, viermal heißt der Frauen Recht« – pro Nacht, wohlgemerkt.

Während der Renaissance erwachte in Europa das Interesse am Erbe der Antike (Die Sex-Graffitis in Pompeji, S. 48). Die Menschen interessierten sich aber nicht nur für dorische Säulenkapitelle und philosophische Gedankenexperimente, sondern auch zunehmend für Sex und Erotik (was kein Wunder ist, wenn man die Texte und Statuen der alten Griechen und Römer studiert). Gleichzeitig geriet das mittelalterliche Heiratssystem, in dem es nur um Stand und Besitz der Brautleute ging, ins Wanken. Die Liebesheirat war zwar noch immer die absolute Ausnahme, tauchte jedoch als Möglichkeit am Bewusstseinshorizont auf. Und damit auch die Frage, was einen Partner eigentlich attraktiv macht.

Volkslieder und die populäre Literatur fungierten als reißerische Lifestyle-Medien, in denen die Erwartungen der Menschen artikuliert und neue Schönheitsideale definiert wurden. Frauen sollten demnach jung, rund und rosig sein. Die Hautfarbe und der Körperfettanteil von Männern wurden seltener thematisiert, doch auch sie blieben von dem neuen sexuellen Leistungsdruck nicht verschont. Es galt als tragisches Schicksal der Frauen, »hungrig vom Tisch der Liebe aufstehen« zu müssen. In zahlreichen Schwänken wurde die Heirat einer jungen Frau mit einem älteren Mann thematisiert, der bald »der Liebesspiele überdrüssig wird« und seine ehelichen Pflichten vernachlässigt. In der Sprichwörternovelle *Wenn es an Heu mangelt, tut es Gerstenstroh* des Italieners Antonio Cornazzano begibt sich deshalb die Mutter der Braut auf die beschwerliche Suche nach dem richtigen Mann. Ihre Wahl fällt auf einen stattlichen Burschen, der zwar mittellos ist, von dem es aber heißt, er breche »das Brot der Liebe in einer Nacht nicht weniger als zehn Mal«. Die Leistungsfähigkeit im Bett ist – für einen kurzen, fiktiven Moment – wichtiger als Standeszugehörigkeit und Anzahl der Goldstücke im Säckel. Ähnlich anspruchsvoll zeigte sich die Augsburger Lohnschreiberin Clara Hätzlerin, die, als sie einmal nicht Schuldbriefe und Testamente für ihre Mitbürger verfasste, kurz ihren Traummann beschrieb: »Du sollst sein ob dem Tisch ein Adler, auf dem Feld ein Bär, in den Gassen ein Pfau, in der Kirchen ein Lamm, in dem Bett ein Aff!«

SCHEIK NEFZAUI GIBT KUSCHELTIPPS

~

»Ich schwöre bei Gott: Wahrlich, die Kenntnis dieses Buches ist notwendig. Nur ein schamloser Ignorant oder Feind aller Wissenschaft wird es nicht lesen oder sich darüber lustig machen, nachdem er es gelesen hat.« Im Vorwort seines Erotikratgebers *Der duftende Garten zur Erholung des Geistes* betrieb Scheik Nefzaui schamlos Eigenwerbung – und zwar vollkommen zu Recht! Das Buch, das vermutlich 1519 in Tunis erschien, ist unterhaltsam geschrieben; auf Erklärungen und Ratschläge folgen Gedichte und anzügliche Anekdoten.

Scheik Nefzaui machte sich zunächst viele Gedanken darüber, was einen schönen Mann und eine schöne Frau auszeichnet. »Damit ein Weib den Männern anziehend erscheine, muss sie einen vollkommen schönen Leib haben und muss fett und wollüstig« und von »kolossaler Weiblichkeit« sein. Ein Doppelkinn, ein kleines Bäuchlein und ein majestätisches Hinterteil galten ihm als besonders reizvoll. Außerdem: schwarze Augen, schwarze Haare, breite Stirn und zierliche Füße. Von einer Frau, die all diese Merkmale besitze, so Nefzaui, »ist man verzaubert; sieht man sie von hinten, so stirbt man vor Wonne«.

Die Augenfarbe und Stirnform des Mannes interessierten Scheik Nefzaui weniger. Umso ausführlicher beschäftigte er sich mit den Proportionen des männlichen Geschlechtsteils. Der Penis sollte von »stattlicher Dicke und Länge« sein und »bis ans Ende der weiblichen Scheide reichen und diese in allen Teilen vollkommen ausfüllen«. Die ideale Länge liege zwischen »sechs Fingerbreiten oder anderthalb Handbreiten« (etwa 12 cm) und »höchstens zwölf Fingerbreiten oder drei Handbreiten« (etwa 24 cm). Wie soll eine Frau auch Spaß im Bett haben, »wenn des Gatten Glied zu kurz ist und zu dünn und sie nach einem strammen Schwanze lechzt«? Lesern mit einem weniger als sechs fingerbreit langen Penis empfahl Nefzaui, möglichst viele Eier zu essen und das kleine Glied von Zeit zu Zeit mit einem mit Pech bestrichenen Lederstreifen zu umwickeln: »Die Wirksamkeit dieser Mittel ist anerkannt und ich habe sie selbst erprobt.« Scheik Nefzaui war ein absoluter Sexfan: »Gepriesen sei Gott, der zu des Mannes größter Wonne die Geschlechtsteile des Weibes schuf und die Geschlechtsteile des Mannes dazu bestimmte, dem Weibe den höchsten Genuss zu gewähren.« Umso wichtiger war ihm, dass die Menschen das geile Gottesgeschenk nicht verdarben. Die Männer, schrieb er, müssten vor dem Liebesspiel darauf achten, dass die Hoden prall sind und der Magen nicht zu leer, denn sonst seien sie kraftlos. Nefzaui legte außerdem Wert auf ein ausgiebiges Vorspiel. Es komme darauf an, »die Frau durch allerlei Scherze, Küsse, Umarmungen, Saugen und Beißen in die verschiedensten Glieder gereizt zu haben«. Erst wenn die Frau gierig sei, dürfe der Mann sein Glied in sie hineinstoßen. Nach vollendetem Liebesakt plädierte der Autor des *Duftenden Garten* für ausgiebiges Kuscheln – und zwar, warum wird nicht genau erklärt, immer auf der rechten Seite des Bettes.

1537 n. Chr.

BADEHÄUSER UND
»BADEHÄUSER«

~

Im Jahr seiner schulischen Reifeprüfung, er war 19, bewies sich der Kölner Ratsherrensohn Hermann von Weinsberg als Mann und verlor seine »Jonferschaft mit der einer, genant Trein Hoestirne«. Viel Wein war im Spiel, so erinnerte sich Hermann viel später in seiner 2500 Seiten umfassenden Autobiografie *Liber Iuventutis*, als er sich von Freunden zu einem Bordellbesuch überreden ließ. Dass Hermann von Weinsberg ohne größere Skrupel von der Episode berichtete und offenbar auch wenig Mühe hatte, in seiner katholischen Heimatstadt am Rhein eine Prostituierte zu finden, zeigt, dass es im 16. Jahrhundert nicht so prüde zuging, wie es die christlichen und weltlichen Herrscher über Welt und Bett gern gehabt hätten.

Der Mensch hat schon immer viel Energie und Fantasie aufgewandt, um seine Triebe zu befriedigen, und neben der offiziellen Welt gab es immer eine Halbwelt, in der das Licht dunkler war oder etwas rötlicher schien. So wie es heute Saunaclubs und »Saunaclubs« gibt, existierten damals Badehäuser, in denen Zähne gezogen wurden und Aderlass sowie Schröpfen auf dem Programm standen, und

»Badehäuser«, in denen Frauen ihre Dienste anboten. Das Badehaus war ein Raum für sexuelle Fantasien und feuchte Träume: In Kupferstichen und auf Wandfresken hielten Künstler pikante Szenen fest. Wellness, Wein, Weib und Würfelspiele – mehr brauchte es nicht, um das noch in den Adern befindliche Restblut in Wallung zu versetzen. Die Institutionalisierung der Prostitution war ein sozialer Fortschritt. Bis dahin waren vor allem Wanderhuren von Dorf zu Dorf gezogen. Die neue Sesshaftigkeit ging mit mehr Rechten und größerer gesellschaftlicher Akzeptanz einher. In den Steuerlisten der Hansestadt Lübeck standen im 16. Jahrhundert Huren ganz selbstverständlich neben Kaufmännern und Handwerkern. Und im bayerischen Nördlingen beschwerten sich Prostituierte beim Stadtrat über Ausbeutung und Gewalt, der Betreiber des »Badehauses« wurde verurteilt und musste eine Geldstrafe zahlen.

In seinen Memoiren gab Hermann von Weinsberg zu, dass er im Laufe seines Lebens noch vier- oder fünfmal »in Drunkentschaft« zu den Huren gegangen sei, dann habe er dem Lotterleben aber endgültig abgeschworen. Von Weinsberg brachte es zum Ratsherrn und Bierherrn, er überwachte also das Reinheitsgebot. Er dankte Gott dem Herrn, dass er von den damals grassierenden »Franzosenpocken« (Gonorrhoe) und der »Hispanischen Krankheit« (Syphilis) verschont geblieben war; und hat sich für den Rest seines Lebens anständig verhalten, oder, wie er selbst schrieb, »gar fleislich fortmehe vur den lichtfertigen frauluten, horen und horenforer gehut, das ich noch nehe gebrech krigen hab«.

DIE SCHAMLOSKAPSEL

~

Das Gemälde, das der deutsche Renaissancemaler Hans Holbein der Jüngere um 1536/37 von Heinrich VIII. anfertigte, war beeindruckend – nicht nur wegen seiner Farbenpracht und der Qualität der Pinselführung. Der Tudor-König trägt einen pelzbesetzten Hut auf dem Kopf und einen Dolch in der Hand – und scheint dem Betrachter seinen sehr großen, erigierten Penis entgegenzustrecken. Das Gemälde des Hofmalers zeigt einen der größten Aufschneider der Geschichte mit dem größten Aufschneider-Accessoire der Geschichte: einer prall gefüllten Schamkapsel.

Anfang des 16. Jahrhunderts änderte sich die Herrenmode in Europa: Der Trend ging weg vom knielangen Rock, hin zu Beinlingen und einem Wams, das knapp unterhalb des Pos endete. Den Schritt bedeckte man mit einem dreieckigen Stoffeinsatz, der liebevoll mit Rosshaar oder Stroh ausgepolstert wurde. Manche Männer trugen in diesem Sackerl sogar Orangen herum, die sie Damen bei Gelegenheit galant überreichten – Früchte ihrer Lenden.

Die Erfindung der Schamkapsel löste einen modischen Rüstungswettlauf aus: Es gab sie in bunten Farben und verschiedenen Größen. Und auch Ritterrüstungen wiesen bald einen »Gliedschutz« auf, den die Recken ihren Feinden wie einen zweiten Speer entgegenstreckten. In ihrer extremsten Ausprägung waren die Teile mit einem Kopf verziert, als eine Art personalisierte Eichel (Göttin Schwanzkopf, S. 12). Die These, bei der Schamkapsel habe es sich um eine medizinische Applikation für Syphilis-Patienten gehandelt, mit deren Hilfe man Verbandsschichten und Quecksilbersalben auf das kranke Gemächt drückte, gilt heute als überholt. Das Modeaccessoire sollte eine permanente Erektion des Trägers vortäuschen und jeden Zweifel an seiner Potenz verscheuchen. Auch Heinrich VIII., der Hardcore-Alkoholiker war und schwer an den Folgen von Malaria und Pocken trug, litt wohl unter erektiler Dysfunktion. Anne Boleyn, die zweite seiner sechs Ehefrauen, beschwerte sich jedenfalls über mangelnde *vertu* (Tugend) und *puissance* (Kraft) ihres Gatten.

Auch in den Augen des Volkes ließ Heinrich VIII. männliche Tugenden vermissen, weil es ihm nicht gelang, einen Sohn zu zeugen. Mit seiner ersten Frau

Katharina von Aragon hatte er nur eine Tochter bekommen, weshalb er sich 1533 scheiden ließ. Weil der Papst nicht mitspielen wollte, gründete Heinrich VIII. nebenbei die anglikanische Kirche (Ein deutscher Kaiser kämpft für seine Lust, S. 71). Der König heiratete die ehemalige Kammerfrau Anne Boleyn, die ihm jedoch auch nur eine Tochter schenkte, weshalb er sie köpfen ließ. Danach heiratete er wiederum deren Kammerfrau Jane Seymore. Während Heinrich VIII. versuchte mit Ehefrau Nummer drei den männlichen Erben zu zeugen, entstand um 1537 das Holbein-Porträt mit dem dritten Bein im Schritt. Im selben Jahr gebar Jane Seymore endlich einen Sohn und verstarb wenig später.

Die Schamkapseln verschwanden im späten 16. Jahrhundert. Ein Grund dafür war, dass sie ihren Trägern große Schmerzen verursachten, wenn diese zu Pferde in den Krieg zogen.

DUFTENDE FRAUEN

~

Der Mann rieche »von Natur aus sanft und süß«, Frauen hingegen verströmten einen üblen, modrigen und feuchten Geruch. Zu dieser Erkenntnis kam der niederländische Arzt Levinus Lemnius in seinem 1574 erschienenen und in mehrere Sprachen übersetzten Medizin-Bestseller *Les occultes merveilles et secretz de nature*. Die Leser der damaligen Zeit wunderten sich kaum über diese Aroma-Aversion, schließlich fügte sie sich bestens in ihr Weltbild. Der Mann, so glaubte man, ist stark und hitzig. Er steht auf der Seite der Kraft, der Reinheit und des Himmels. Die Frau hingegen galt als schwach und gehörte in die Welt der Kälte, Unreinheit und der Feuchtigkeit. Weil sie das Haus hütete, wurde sie im Mittelalter oft mit einer Schnecke verglichen.

Vor allem die »überreichlichen Ausscheidungen« der Frau und das Menstruationsblut fand Lemnius abstoßend, welches seiner Ansicht nach fast jedes Element zerstöre, mit dem es in Kontakt komme. Blumen und Früchte verwelkten, Elfenbein würde schwarz und Messer würden stumpf, die Bienen flögen davon und Pferde würden tote Fohlen gebären. Auch wenn Frauen nicht ihre Tage hätten, so Levinus Lemnius, sei die schädliche Blutaura wirksam. Allein die Gegenwart einer Frau, notierte er, lasse Muskatnüsse vertrocknen und schwarz werden. Und Korallen verlören ihre Farbe.

1587 n. Chr.
VERHEXTER SEX
~

Die Hebamme Walpurga Hausmännin, seit 31 Jahren verwitwet, hatte sich mit einem Knecht auf ein nächtliches Stelldichein verabredet. Tatsächlich erschien ein Buhlteufel, so lautete jedenfalls Walpurgas Geständnis. Dieser war in der Höllenhierarchie weiter unten angesiedelt, verfügte aber über große Liebhaberkompetenzen. Der Dämon hatte die Gestalt des Knechts angenommen, in der ersten Nacht konnte Walpurga ihn noch bannen. In der folgenden Nacht erschien der Sexteufel erneut. Nun konnte Walpurga ihm nicht mehr widerstehen. Sie schliefen miteinander und ritten dann auf einer Mistgabel zu Luzifer. Der Oberteufel taufte Walpurga und machte sie so zu einer Hexe. Sie erhielt außerdem eine Salbe, um die Früchte auf den Feldern, das Vieh und die Menschen zu vergiften. Insgesamt ermordete sie auf diese Weise 40 Kinder und noch einige Erwachsene.

Im Jahr 1587 wurde Walpurga im bayerischen Dillingen wegen Zauberei verhaftet und angeklagt. Das falsche Geständnis, das sie unter grausamer Folter ablegte, erregte großes Aufsehen, weil erstmals eine angebliche Hexe über die sexuellen Ausschweifungen der Hölle berichtete. Die Folterknechte und kirchlichen Verhörspezialisten hatten die Frau so lange gequält, bis sie beichtete, was die Männer hören wollten.

Mehr noch als vor schwarzer Magie fürchteten sich die Männer des Mittelalters vor der weiblichen Selbstbestimmung und Lust, die sie nicht verstanden und deshalb mit allen Mitteln unterdrückten und dämonisierten. Bereits im Jahr 1486 hatte der Dominikaner Heinrich Kramer das Buch *Der Hexenhammer* geschrieben, das eine theologisch-wissenschaftliche Rechtfertigung für die Hexenverfolgung lieferte und sich schnell in West- und Mitteleuropa verbreitete. Der gefürchtete Inquisitor wurde von einem bizarren Hass auf Frauen getrieben und warf ihnen vor, die armen Männer in den Abgrund und in die Fänge des Teufels zu treiben. Frauen seien einfach »fleischlicher gesinnt als Männer«, behauptete der Mönch, und weil Eva angeblich aus einer Rippe Adams geformt worden war, folgte für ihn, »dass das Weib nur ein unvollkommenes Tier ist, es immer täuscht«.

Habe eine Frau laut Kramer einen Pakt mit dem Teufel geschlossen, sei sie mit Zauberkräften ausgestattet, die sie vor allem dafür nutze, die Zeugungskraft der Männer zu schädigen und die Versorgung und Reproduktion der Gesellschaft zu gefährden. Hexen waren nach ihm mächtige Wesen: »Erstens, dass sie die Herzen der Menschen zu außergewöhnlicher Liebe verändern; zweitens, dass sie die Zeugungskraft hemmen; drittens, die zu diesem Akte gehörigen Glieder entfernen; viertens, die Menschen durch Gaukelkunst in Tiergestalten verwandeln; fünftens, die Zeugungskraft seitens der weiblichen Wesen vernichten; sechstens, Frühgeburten bewirken; siebentens, die Kinder den Dämonen opfern; abgesehen von den vielfachen Schädigungen, die sie anderen, Tieren und Feldfrüchten, zufügen.« Mit anderen Worten: Wenn irgendetwas in der Welt, auf den Feldern oder im Bett schiefging, war es nie die Schuld der Männer.

Bis zu 60 000 Menschen fielen der Hexenverfolgung in Europa zum Opfer. Am 20. September 1587, fast genau 100 Jahre nach Erscheinen des *Hexenhammer*, wurde Walpurga Hausmännin in Dillingen an der Donau auf dem Scheiterhaufen verbrannt. Ihre Asche verstreute man im Fluss.

RUBENS HEIRATET EINE RUBENSFRAU

~

Nur wenige Menschen haben aus ihrer Zeit auf Erden so viel gemacht wie der flämische Malerfürst Peter Paul Rubens. Als Botschafter der spanisch-habsburgischen Krone reiste er durch Europa, die Mächtigen des Kontinents baten demütig darum, für dreißig Minuten seinen Worten lauschen zu dürfen. Rubens war jedoch nicht nur ein hervorragender Diplomat und genialer Maler, sondern auch ein knallharter Geschäftsmann, der sein Atelier in ein mittelständisches Unternehmen mit globalem Vertrieb verwandelte. Gemeinsam mit seinen Schülern stellte er im Durchschnitt alle vier Tage ein Ölgemälde fertig. Trotzdem handelte es sich nicht um beliebige Massenware.

Die Rolle, die Shakespeare in der Literaturgeschichte spielt, nimmt Rubens in der Malerei ein. Er verbreitete die Farbpalette der italienischen Meister, brachte eine ungeahnte Dynamik auf die Leinwand und definierte einen neuen, realistischen Stil. Jahrhunderte nach seinem Tod bezogen sich Künstler auf den Meister, so zum Beispiel die Impressionisten. Peter Paul Rubens war außerdem sehr eitel und zum Zähneknirschen schön. Wenn sich so ein Jahrhundertmensch verliebt, dann ist klar, dass etwas ganz Besonderes entstehen muss.

Rubens war 49, als seine erste Frau Isabella verstarb. Vier Jahre trauerte er um sie. Dann trat Hélène Fourment in sein Leben, die ihm schon als kleines Mädchen ab und an Modell gestanden hatte. An einen Freund schrieb Rubens: »Ich habe mich zur Heirat entschlossen, da ich noch nicht geneigt war, im Zölibat zu leben. Und um ehrlich zu sein, wäre es mir hart angekommen, den kostbaren Schatz der Freiheit gegen die Liebkosungen einer alten Frau einzutauschen.« Hélène Fourment war 16 Jahre alt, als sie Rubens 1630 heiratete, sie hatte blonde Haare, eine rosige Haut und war als »Venus von Antwerpen« bekannt. Die Frischvermählten zogen in die Villa von Rubens, über deren Eingangstür der Spruch prangte: »Nichts erschüttere Dich, weder Zorn noch Begierde«. Ein guter Ratschlag, an den sich der Maler in den folgenden Jahren nicht hielt. Die Villa wurde zu einem Liebesnest und Zeitgenossen waren unangenehm berührt, wie offen

Rubens über seine Liebe zur Seele und zum Körper Hélènes sprach, die »nicht errötet, wenn sie mich einen Pinsel zur Hand nehmen sieht«. Rubens malte 19 Porträts von Hélène – als Braut, als Mutter, als Femme fatale im Pelz, als Göttin der Liebe – und baute ihre Züge in viele weitere Bilder ein. Man könnte sagen, er gab ganz schön mit seiner jungen Frau an. In dieser Zeit entstanden seine berühmtesten Gemälde. Und ganz Antwerpen zerriss sich das Maul, weil alle wussten, dass die verführerische nackte Dame auf den Bildern seine Ehefrau war, mit der er vier Kinder hatte.

Schon immer haben Künstler nicht einfach nur mehr oder weniger gelungene Statuen und Porträts erzeugt, sondern durch ihre Arbeit auch bestehende Schönheitsideale verstärkt und weiterentwickelt. Die *Venus von Willendorf* aus der jüngeren Altsteinzeit stellt eine Frau mit dicken Beinen, üppig hängenden Brüsten, rundem Bauch und runden Hüften dar. Ein Relief des Pergamonaltars, der im zweiten Jahrhundert vor Christus errichtet wurde, zeigt die griechische Göttin Artemis im Kampf gegen die Giganten als sportliche Frau mit schmaler Taille. Der römische Kaiser Hadrian, der von 117 bis 138 nach Christus regierte, ließ im ganzen Reich große Statuen seines Geliebten Antinoos aufstellen, um dessen Look – schwermütiger Blick, gerade Nase, schmale Gestalt – als universellen Beauty-Maßstab zu etablieren. Im Mittelalter wurden Frauen fast androgyn gezeichnet, streng, mit dünner Silhouette und nach vorn hängenden Schultern, die die Brüste fast verdeckten.

Rubens malte sich nun einen neuen Idealkörper aus. Schon die italienischen Renaissancekünstler hatten voluminösere Frauen dargestellt. Rubens verstärkte diesen Trend noch, zeichnete üppige Schenkel, weiche Hüften, Speckfalten an den Armen und verwandte besonders viel Mühe auf das sexy Doppelkinn seiner weiblichen Figuren.

Natürlich ist auch die sogenannte Rubensfrau ein Kulturprodukt, was man schon daran sehen kann, dass Rubens die Brüste seiner Figuren auffallend klein darstellte, sie dürften »weder zu flach noch zu weich« und nur »bescheiden vorstehend« sein, sagte er. Der verliebte Blick, mit dem Rubens auf Hélène sah, hat die Kunstgeschichte wie das Körperbild der Nachwelt nachhaltig geprägt (auch in der schlankheitsverrückten Gegenwart spricht man noch anerkennend von Rubensfrauen). Das ist wohl das größte Kunstwerk, das diesem großen Maler in seinem Leben gelungen ist.

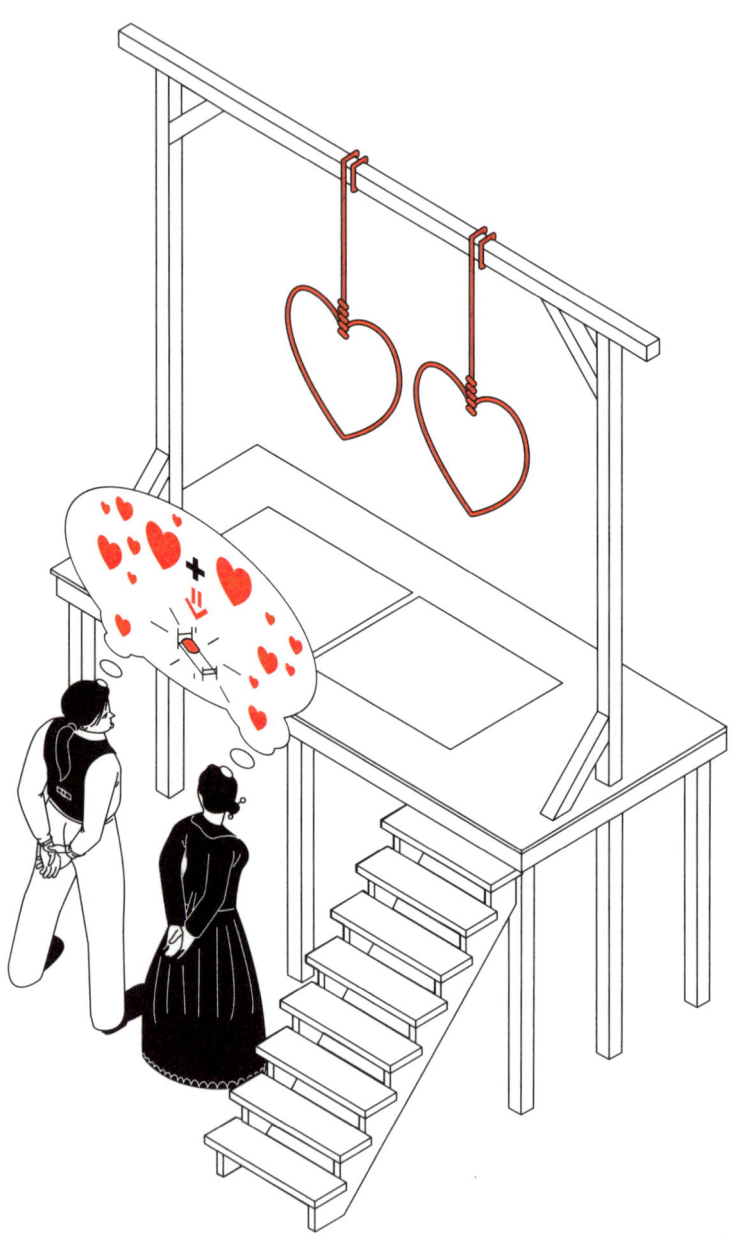

1644 n. Chr.

ZUM HENKER MIT DER LUST

~

Am 21. März 1644 kehrten Recht und Anstand zurück nach Boston, und die Menschen konnten endlich wieder ruhig schlafen. Hunderte Bürger der Stadt versammelten sich, um zu sehen, wie Mary Latham und James Britton am Galgen baumelten. Die beiden hatten nicht zur Revolution aufgerufen und auch keinen Menschen getötet. Ihr Verbrechen war viel schlimmer: Sie hatten mit dem Gedanken gespielt, miteinander zu schlafen.

Der amerikanische Traum war immer auch ein keuscher Traum. In der neuen Welt wollten die Auswanderer eine bessere Welt errichten: ohne Willkür, Ungerechtigkeit und Sünde. Die Puritaner, welche die Ostküste besiedelten, waren überzeugt, dass die korrupten Großkirchen längst vor der Verführungskraft des Teufels kapituliert hatten und empörten sich über die läppischen Geld- und Gefängnisstrafen, die europäische Gerichte für Ehebruch verhängten. Anfang des 17. Jahrhunderts wurden in allen neuenglischen Kolonien drakonische Gesetze erlassen, um die Tugend des Volkes zu retten. Ein Mann, der mit seiner schwangeren Ehefrau schlief, musste schon mit Verbannung rechnen. Der Ehebruch aber galt als schlimmstes Verbrechen überhaupt und wurde mit dem Tode bestraft.

Es ist unklar, was genau zwischen Mary Latham und James Britton vorgefallen war. Latham stammte aus einer angesehenen Familie in der Kleinstadt Plymouth und hatte einen älteren Mann geheiratet, mit dem sie aber nicht besonders glücklich war. Um sich abzulenken, ging die junge Frau regelmäßig ins Wirtshaus. Dort traf sie eines Abends James Britton, der mit ein paar anderen jungen Männern unterwegs war. Latham und Britton tranken, scherzten, unterhielten sich, tranken weiter und kamen sich so näher, viel näher als erlaubt. Sex hatten die beiden nicht, so viel oder besser wenig konnten die Ermittler später feststellen. Vielleicht hatte Latham einen Rückzieher gemacht, vielleicht war Britton zu betrunken gewesen. Der Abend endete. Die Zeit verging.

Einige Monate später aber wurde James Britton schwer krank und bildete sich ein, die Fieberschübe seien Gottes Strafe für den exzessiven Abend in Plymouth. Britton zeigte sich selbst wegen Ehebruchs beim Bostoner Gericht an. Mary Latham wurde noch in derselben Nacht verhaftet und nach Boston gebracht. Am

7. März 1644 verurteilte ein Richter die beiden zum Tode, denn schon der Versuch des Ehebruchs galt als Kapitalverbrechen. Ein Chronist bemerkte zufrieden, dass sich Latham vor ihrer Hinrichtung noch einmal an das Volk wandte, ihr Verhalten öffentlich bereute und die jungen Frauen ermahnte, sich ihr Schicksal eine Mahnung sein zu lassen. Mary Latham wurde 18 Jahre alt.

1668 n. Chr.

DEUTSCHLANDS ANALE PHASE

~

Der Ausspruch »Leck mich am Arsch!« basiert auf einer Strafmaßnahme, die in Deutschland vor allem während des Dreißigjährigen Krieges angewandt wurde. Gefangene mussten den Hintern ihrer Wächter mit Zunge und Lippen liebkosen – um die Demütigung noch zu potenzieren, fand das Ganze in aller Öffentlichkeit statt. Im 14. Kapitel des Schelmenromans *Simplicius Simplicissimus* aus dem Jahr 1668 beschrieb Hans Jakob Christoffel von Grimmelshausen, wie der Held Melchior Sternfels von Fuchshaim (ein Anagramm des Autorennamens) gemeinsam mit einigen Soldaten einen armen Kerl ohne Nase und Ohren in einer Grube fanden. Bauern hatten den Mann verstümmelt und »gezwungen, daß er ihrer fünfen den Hintern lecken müsse«. Abgestoßen von so viel Brutalität, entschließen sich die Soldaten, die Übeltäter zu verfolgen und mit gleicher Münze zu bestrafen. Die Bauern müssen jeweils zehn Soldaten die Rosette lecken und dabei sagen: »Hiermit lösche ich wieder aus, und wische ab die Schand, die sich die Soldaten einbilden empfangen zu haben, als uns ein Bärenhäuter hinten leckte.«

Die anale Phase der deutschen Kriegsgeschichte prägte die Hoch- und Alltagskultur des Landes nachhaltig. »Er aber, sag's ihm, er kann mich im Arsche lecken!«, ließ Goethe gut 100 Jahre nach Grimmelshausen seinen Götz von Berlichingen sagen, als sich der Ritter der Festnahme durch einen Hauptmann erwehren musste. Und Mozart schrieb einen sechsstimmigen Kanon mit dem Titel *Leck mich im Arsch*. Die seltsame deutsche anale Fixierung verbreitete sich im Lauf der Jahrhunderte auf der ganzen Welt – zunächst als Schimpfwort *(Kiss my ass! / Lèche mon cul! / Que te den por el culo! / Vaffanculo!)*, dann als Sexualpraktik. Heute wird der sogenannte Anilingus, bei dem man Anus und Damm des Partners mit Zunge und Lippen stimuliert, in TV-Serien wie *Sex and the City* gefeiert. Und Nicki Minaj rappt: »Let'em eat my ass like a cupcake«. Bleibt die Frage: Was hätte Melchior Sternfels von Fuchshaim dazu gesagt?

1691 n. Chr.

DR. SOMMER LEBT IN ENGLAND

~

Im Jahr 1691 entdeckte der englische Verleger John Dunton eine enorme Marktlücke. Nach Jahrhunderten der prüden Herrschaft der Kirche (Der geile Beichtvater, S. 68), die beinahe alle Fragen aus dem Themenfeld Liebe, Sex & Zärtlichkeit mit dem Wort »Nein« beantwortet hatte, gab es nun ein großes Informations- und Orientierungsbedürfnis: Ist es in Ordnung, wenn man manchmal die Lust verspürt zu tanzen? Was genau ist Liebe? Dürfen Frauen zur Schule gehen? Müsste man nicht Bordelle einrichten, um das Elend des Straßenstrichs zu vermeiden? Wäre es angemessen, dem Ehegatten zu gestehen, dass man vor ihm schon bei anderen Männern gelegen hat?

Dunton wollte diese Unsicherheit beenden und gründete eine Frage-Antwort-Zeitschrift, *The Athenian Mercury*, die alle zwei Wochen in London erschien. Leser konnten ihre Fragen anonym einsenden. Die Antworten, so behauptete Dunton, würden von einem Expertenteam erarbeitet, der Athenian Society. Tatsächlich stammten die Ratschläge meist von Dunton selbst und seinen beiden Schwagern, in der Regel nahmen sie eine liberale, menschenfreundliche Haltung ein: Tanzen sei ein natürliches Bedürfnis und außerdem gut für die Gesundheit, erfuhren die Leser. Die Liebe solle man als eine gesteigerte Form der Freundschaft verstehen, und es sei eine sehr gute Idee, Frauen in die Schule zu schicken. Es stehe auch außer Frage, so *The Athenian Mercury*, dass Bordelle weniger schlimm seien als die Gesetzlosigkeit des Straßenstrichs. Und: Auf keinen Fall solle man sein Leben durch sinnlose und unnötige Geständnisse ruinieren.

Im späten 17. Jahrhundert war die wohlgeordnete Welt des Mittelalters zerbrochen, in der jeder an genau dem Platz verharrte, den das Schicksal ihm zugewiesen hatte. Die Aufklärung stellte die Macht der Kirche und der Herrscherhäuser in Frage. Descartes begründete den Rationalismus, Spinoza relativierte die Religion und kritisierte die Kirche. Es entstanden große Städte, in denen man die Bewohner schon allein wegen ihrer ungeheuren Masse kaum mehr kontrollieren und gängeln konnte. London etwa zählte im Mittelalter nur 40 000 Einwohner, 1660 waren es bereits 400 000, 1800 eine Million. Und während es im Jahr 1600 noch keine einzige Zeitschrift in England gab, erschienen 1752 in London mehr als 20 verschiedene Publikationen, viele von ihnen sogar täglich. In jeder Kleinstadt gab es eine Druckerpresse. Und selbst wer nicht lesen konnte, informierte sich im Kaffeehaus oder Pub über Neuigkeiten aus der Welt des Klatschs, der Politik oder der Wissenschaft. Plötzlich konnte jeder mitreden und Fragen stellen.

Die mediale Revolution bewirkte auch eine sexuelle Revolution. Schon in der zweiten Ausgabe von *The Athenian Mercury* bat John Dunton die Leser darum, keine allzu obszönen oder gefährlichen Fragen zu stellen. Und wurde anschließend erst recht mit Hunderten von Zuschriften zum Thema Sex überschwemmt. Vor allem Frauen beteiligten sich an der Debatte. Weil er bemerkte, dass seine Leserschaft zu einem großen Teil weiblich war, gründete Dunton 1693 auch eine Frauenzeitschrift, *The Ladies' Mercury*. Beantwortet wurden laut Dunton die »interessantesten und schönsten Fragen in Bezug auf die Liebe, die Ehe, die Manieren, die Mode und den Humor, seien die Wissbegierigen nun Jungfrauen, Gattinnen oder Witwen«.

Der Verleger wurde mit seinen Zeitschriften zu einem reichen Mann, er war aber auch der Pionier einer neuen Gesellschaft, die große Lust auf den Wandel und auf das Neue hatte. In einer der ersten Ausgaben des *Athenian Mercury* stellte ein Leser die Frage, ob ein großer Teil der Welt noch der Entdeckung harre. Dunton pflegte eigentlich einen recht blumigen Antwortstil. Diesmal aber begnügte er sich mit einem einzigen Wort: »Yes«.

MASTURBATION UND MARKETING

~

Der englische Quacksalber und Chirurg John Marten hat das Werk mit dem wohl längsten und seltsamsten Titel in der Geschichte des Buchdrucks verfasst: *Onania, oder die schreckliche Sünde der Selbst-Befleckung. Mit allen ihren entsetzlichen Folgen, so dieselbe bey Beyderley Geschlecht nach sich zu ziehen pflegt; Nebst Geist und Leiblichen Rath vor alle diejenigen, welche sich durch diese abscheuliche Gewohnheit bereits Schulden zugefüget haben.* Das Pamphlet kam im Jahr 1712 heraus (auf Deutsch 1736) und versuchte, erstmals wissenschaftlich nachzuweisen, dass Masturbation für beide Geschlechter extrem gesundheitsschädlich sei.

Im 16. und 17. Jahrhundert hatte die Masturbation ein diffuses Image. Natürlich warnte die katholische Kirche vor der Angewohnheit, weil Sex ja nur zum Zweck der Fortpflanzung legitim war. Andererseits pflegten französische Kindermädchen, die Penisse kleiner Knaben zu kitzeln, um die Kinder zu beruhigen. Und in einigen medizinischen Schriften wurde Masturbation als Methode empfohlen, um überschüssiges Sperma loszuwerden oder Flüssigkeitsstauungen bei Frauen vorzubeugen. Mit solchen liberalen Verirrungen wollte John Marten nun aufräumen. Und prägte dabei nebenher den Begriff der Onanie – obwohl sich die Bibelfigur Onan, auf die er sich bezog, ja gar nicht selbst befriedigte (Onan onaniert nicht, S. 27).

Marten interessierte sich ohnehin nicht so sehr für Fakten, sondern arbeitete lieber mit detailreich aufgeschriebenen Fallbeispielen. So wurde die Geschichte von zwei Nonnen erzählt, deren Klitoris jeweils so stark gewachsen war, dass man annahm, sie hätten spontan das Geschlecht gewechselt. Marten führte die körperlichen Veränderungen auf »den außergewöhnlichen Gebrauch der Klitoris« zurück, die, so fuhr er fort, »wenn man sich ihrer zu häufigen Reizungen bedient, hervortritt und sich ähnlich dem männlichen Penis vergrößert«.

Marten war aber nicht nur ein begabter Softporno-Autor, sondern auch ein gewiefter Geschäftsmann. Das Buch sollte die sündhaft teuren Tinkturen und Pulver bewerben, die er nebenbei herstellte und verkaufte. Dass die Pseudomedikamente gegen Kopfschmerzen, plötzliche Erblindung oder allgemeine Lethargie helfen sollten, also Leiden, die man zu dieser Zeit mit Masturbation in Verbindung brachte, war kein Zufall. Die Verquickung von moralischen, medizinischen und ökonomischen Interessen beförderte den Erfolg des Buches jedoch nur. *Onania* wurde ein Superseller, in viele Sprachen übersetzt und inspirierte auch Geistesgrößen, deren wissenschaftliche Leistung – anders als die von John Marten – nie infrage stand. Der Philosoph Immanuel Kant hielt Masturbation für »zutiefst naturwidrig« und urteilte: schlimmer als Selbstmord. Und Simon Auguste André David Tissot, einer der wichtigsten Ärzte der Aufklärung, schrieb 1760 ein Update zu *Onania*, in dem er vermerkte, dass die Verschwendung von Samen viel schädlicher sei als Blutverlust.

Kein Wunder, dass man im 18. und 19. Jahrhunderts bizarre Geräte und Vorrichtungen erfand, um sich vor dieser Gefahr zu schützen: Kinder und Jugendliche mussten dicke Fausthandschuhe tragen, damit sie nachts nicht ihre Genitalien streichelten, jungen Frauen wurden Schenkelfesseln angelegt, die verhindern sollten, dass sie die Beine breit machten. Später gab es sogar Apparate, die Alarm klingelten oder Stromschläge verabreichten, wenn ein Mann im Schlaf von einer Erektion überrascht wurde.

Onania, das Buch mit dem seltsamen, überlangen Titel, beeinflusste das Denken, Handeln und Masturbieren der Menschen über mehr als zwei Jahrhunderte.

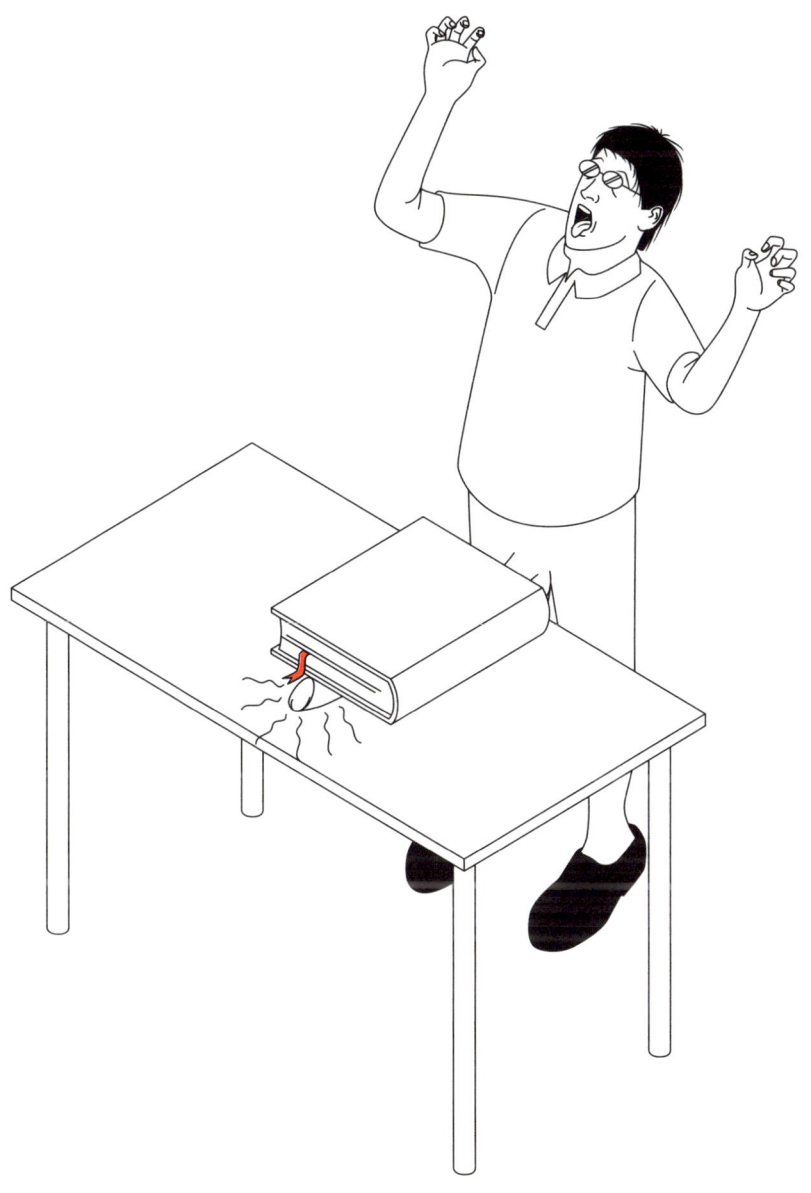

TODESSTRAFE FÜR TRANSGENDER-PIONIERIN

~

Ein Sonntag im November. Am Fischmarkt Nr. 5 in Halberstadt schwang der Henker sein Schwert, ein Leben fand sein Ende, ein Kopf rollte. Der Kopf einer Frau, die eigentlich ein Mann hatte sein wollen. Im Jahr 1721 wurde zum letzten Mal in Europa eine Frau hingerichtet, weil sie Unzucht mit einer anderen Frau getrieben hatte; Tatbestand: Sodomie. Aber eigentlich ging es um die Frage, ob ein Mensch das Recht hat, sein Geschlecht selbst und frei zu wählen.

Schon als Kind fühlte sich Catharina Margaretha Linck zu anderen Mädchen hingezogen und hatte das Gefühl, im falschen Körper zu stecken. Früh plante sie den Ausbruch aus dem Gefängnis der Geschlechterrollen, die festlegen, wie man sich zu verhalten hat, wen man lieben darf und wie groß die Bewegungsfreiheit insgesamt ist. Mit fünfzehn verließ Catharina ihre Heimatstadt Glaucha in der Nähe von Halle. Um sich auf ihrer Wanderung vor Angriffen und Vergewaltigungen zu schützen, trug sie Männerkleider. Catharina war groß und schlank, hatte eine markante Nase und trug einen Pagenschnitt. Ihre Brüste umwickelte sie straff mit einem Leinentuch und verbarg sie unter Hemd und Wams (später ließ sie sich einen Schutz aus Weißblech anfertigen).

Die Täuschung der Transgender-Pionierin gelang – so gut, dass Catharina sich bald auf den Namen Anastasius Lagarantinus Rosenstengel taufen ließ. Ihr Pseudonym hatte sie mit Bedacht gewählt. Anastasius bedeutet »der Auferstandene«. Die Rose als Symbol der Weiblichkeit wurde mit dem phallischen Stängel kombiniert. Das Genderbending war aber erst komplett, als Catharina den männlichsten aller Berufe ergriff. Ab ihrem 18. Lebensjahr diente sie als Soldat in der Armee des Kurfürsten von Hannover und kämpfte auch im Spanischen Erbfolgekrieg. So kam sie mühelos in Kontakt mit den leichten »Mädgens«, die den Armeen im Tross folgten. Obwohl Catharina im Lauf der Jahre mehrmals als Frau enttarnt wurde, gelang es ihr immer wieder, rekrutiert zu werden. Nicht nur, weil sie sich viermal umtaufen ließ – aus Anastasius wurde Caspar, Peter und schließlich Cornelius –, ihr Männerkostüm wurde auch immer ausgeklügelter. Um wie ein Mann urinieren zu können, verwendete sie ein Ochsenhorn mit einem kleinen Loch an der Spitze. Und kam es zum Sex mit einer Dirne, band sich Catharina einen Lederpenis um (Der geile Beichtvater, S. 68). Der Strap-on-Dildo, der mit zwei Lederhoden ausgestattet war, fühlte sich offenbar ziemlich gefühlsecht an. Angeblich hat keine ihrer Sexpartnerinnen den Schwindel bemerkt, nicht einmal jene, die die Attrappe beim Liebesspiel mit den Händen liebkosten.

Catharina nahm sich viel Zeit, um sich ihre Hörner abzustoßen. Erst mit 30 verliebte sie sich, und zwar, wie es sich für echte Männer gehörte, in eine jüngere Frau, die 19-jährige Catharina Margaretha Mühlhahn aus Halberstadt. Nur die Schwiegermutter machte Probleme. Oft kam es zum Streit und einmal auch zu einem Handgemenge, bei dem nach einem unfairen Tiefschlag der Lederpenis enttarnt wurde.

In der Folge wurde Catharina verhaftet und vor Gericht gestellt. Lange Zeit waren sich die Richter unschlüssig, ob sie sich überhaupt unzüchtig verhalten habe. Es mangelte an Beweisen. Schließlich wurde eine Leibesvisitation angeordnet. Ein Zeitgenosse notierte, wie man zuerst das Weißblech von Catharinas Brust entfernte und »zwei reizende, aber ned zu große Beweise ihrer Weiblichkeit« entblößte. Dann fiel die Hose und zum Vorschein kam »nebst einem Horn auch eine lederne Wurst«. Catharina wurde zum Tode verurteilt. Bei ihrer Hinrichtung musste sie Frauenkleider tragen.

FRIEDRICH DER GROSSE SPIELT FLÖTE

~

Der 9. November 1730 war der wohl schlimmste Tag im Leben von Friedrich II., den man später mal den Großen nennen sollte. Hilflos musste er zusehen, wie sein bester Freund Hans Hermann von Katte starb. König Friedrich Wilhelm I. hatte seinen 18-jährigen Sohn gezwungen, der Hinrichtung persönlich beizuwohnen. Der Henker schlug zu, Katte verlor seinen Kopf und Friedrich das Bewusstsein.

Mit Hans Hermann von Katte hatte Friedrich die Leidenschaft für das Flötenspiel und die Poesie geteilt – und vermutlich auch das Bett. Friedrich Wilhelm I.

missfiel diese Beziehung. Er wünschte sich, dass aus seinem Sohn ein harter, preußischer Soldatenkönig werde, kein »effeminierter Sodomit«. Als Friedrich und von Katte einen dilettantisch geplanten Fluchtversuch unternahmen, nutzte der strenge König die Gelegenheit und ließ den Liebhaber seines Sohnes als Deserteur hinrichten. Die brutale Strafaktion hatte keine Wirkung, auch nicht andere Erziehungsmaßnahmen – der König prügelte Friedrich öffentlich und legte ihm einmal sogar den Freitod nahe.

Während seines Arrests in der Festung Küstrin in der Nähe von Berlin bandelte Friedrich gleich mit dem nächsten Flötenspieler an: Michael Gabriel Fredersdorf, Oboist, Musketier in der preußischen Armee und von niederem Stand, muss sehr schön und ein bisschen einfältig gewesen sein. Er habe dem Kronprinzen »in mehr als einer Weise zur Aufmunterung gedient«, lästerte Voltaire, ein enger Freund Friedrichs, der als Erster öffentliche Andeutungen über die Neigungen des Kronprinzen machte. Voltaire nannte Friedrich nur Luc – rückwärts gelesen bedeutet der Spitzname »cul«, französisch für Arsch.

Homosexuelle Beziehungen waren in der preußischen Armee nichts Ungewöhnliches (Bonding bei den Barbaren, S. 40). In der hermetisch abgeschlossenen Welt der Kadettenschulen sollten junge Aristokratensöhne auf die Offizierslaufbahn vorbereitet werden. Frauen tauchten in diesem Kosmos kaum auf. Und nachts hielten sich die Knaben in den kalten Schlafsälen gegenseitig warm. Die Generäle sahen es ohnehin nicht gern, wenn ihre Soldaten heirateten: Die Ehe würde die Recken verzärteln und ihre Kampfbereitschaft schwinden lassen. Für viele Soldaten war eine homosexuelle Affäre die einzige Möglichkeit, einem anderen Menschen nahezukommen. Während Friedrich Wilhelm I. die armen Soldaten, die sich mit Kameraden vergnügt hatten, gnadenlos hinrichten ließ, degradierte Friedrich der Große ranghohe Offiziere nur noch, wenn sie beim Liebesspiel erwischt wurden.

Er selbst versuchte, seine Vorlieben zu verbergen, was ihm aber nicht allzu gut gelang. »Ich habe Wollüste genossen, die ich nie wieder genießen werde«, sagte der homosexuelle Archäologe und Schriftsteller Johann Joachim Winckelmann nach einem Besuch an Friedrichs Hof. Das Schloss Sanssouci war ein beinahe frauenfreier Ort. Selbst der Ehefrau des Königs, Elisabeth Christine von Braunschweig-Wolfenbüttel-Bevern, war der Zutritt untersagt. Sie lebte in Berlin. Madame seien »korpulenter« geworden, bemerkte Friedrich maliziös, als er Elisabeth Christine einmal sechs Jahre lang nicht gesehen hatte.

Die wichtigste Beziehung führte Friedrich II. mit Fredersdorf, seinem Kammerdiener und engstem Vertrauten, dem er zärtliche Briefe sandte. »Ich küsse den Docter, wan er Dihr gesund macht! (…) ich wollte Dihr so gerne helffen, als das ich das leben habe«, schrieb Friedrich an Fredersdorf, als dieser schwer erkrankte. In gewisser Weise lebte Friedrich II. ganz nach seinem eigenen berühmten Regierungsgrundsatz: »In meinem Staate kann jeder nach seiner Fasson selig werden.«

1732 n. Chr.

EIN BEFRIEDIGENDER CLUB

~

In einem englischen Gentlemen's Club gibt es traditionell holzgetäfelte Wände, einen Kamin und eine Whiskysammlung, der richtige Ort, um die Zumutungen der Welt mit steifer Oberlippe zu ertragen oder die Monarchie und das Empire zu feiern. Die Herren, die im Jahr 1732 in der schottischen Stadt Anstruther den Club *The Beggar's Benison* (Heil des Bettlers) gründeten, hatten andere Dinge im Sinn. Genauer gesagt, ein einziges Ding, noch genauer: ihr Ding. Der Club hatte es sich zum Ziel gesetzt, den männlichen Sexualtrieb zu feiern und ein großes Tabu zu brechen.

Das Aufnahmeritual für neue Mitglieder aber war, wie man es von einem englischen Gentlemen's Club erwartet, genau festgelegt. Der Novize trat vor die versammelte Runde der Mitglieder, entblößte sich und begann, seinen Penis zu reiben. Das erigierte Glied legte er dann auf einen Zinnteller, in den der Name des Clubs und eine Peniszeichnung eingraviert waren. Nun traten die anderen Herren hinzu, masturbierten ebenfalls und berührten dann einer nach dem anderen den Penis des Neulings mit ihrem Geschlechtsteil – ein genitaler Handschlag.

Auch wenn der Schwanzvergleich im Zentrum der Rituale stand, waren die Mitglieder des Beggar's Benison keine dumpfen Machos. Das organisierte Massenwichsen war im 18. Jahrhundert, in dem Selbstbefriedigung als sündhaft und schädlich galt (Masturbation und Marketing, S. 103), eine fast revolutionäre Tat. Und es ging den Herren ja nicht nur um die eigene Triebbefriedigung. Ihr Ziel war es, eine neue erotische Kultur zu begründen. Sie lasen sich gegenseitig aus pornografischen Romanen vor, hörten sich Referate über die männliche und weibliche Anatomie an und sprachen sich sogar für Empfängnisverhütung aus, damit auch Frauen ihre Sexualität angstfrei genießen könnten. Zu den Mitgliedern des Clubs zählten hochrangige Politiker, Adelige, Juristen, Offiziere – und auch viele Geistliche.

CASANOVA UND DIE NONNE

~

Giacomo Girolamo Casanova kam mal wieder zu früh: »Schon um sieben Uhr nahm ich am Standbild des Helden Colleoni Aufstellung. Sie hatte mir zwar gesagt, ich solle dort erst um acht Uhr sein, aber ich wollte die süße Freude des Wartens genießen.« Ein Herbsttag im Jahr 1753, Casanova war damals 28, befand sich auf dem Höhepunkt seiner Manneskraft und hatte seit Langem mit keiner Frau geschlafen. Und nun wartete er nicht auf irgendeine Frau, sondern auf die wunderschöne M. M., wie Casanova sie in seiner Autobiografie *Geschichte meines Lebens* nannte. Kein Wunder, dass er ungeduldig wurde. »Genau um acht Uhr sah ich eine zweirudrige Gondel anlegen. Da ich einen maskierten Mann sah, erschrak ich, wich zurück und ärgerte mich, keine Pistole bei mir zu haben. Die Maske näherte sich mir und streckte mir friedlich eine Hand hin. Ich erkannte meinen als Mann verkleideten Engel.«

Der Engel M. M. war eine Nonne, weshalb Casanova auch nicht ihren vollen Namen nennen konnte (offensichtlich hielt sie aber nicht viel vom Keuschheitsgelübde). Ihr war der schöne Casanova beim Kirchgang aufgefallen, nach der Messe hatte sie um ein Rendezvous gebeten. Beim Treffen im Haus von Casanova hielt sie ihn lange hin, ließ sich die Austern schmecken und seine offensichtliche Nervosität. Irgendwann zog sie sich dann aus und legte sich nackt aufs Bett. Casanova war von dieser selbstbewussten Performance beeindruckt: »Ich flog vor Liebe glühend in ihre heißen Arme und gab ihr hierfür sieben Stunden lang die feurigsten Beweise, die wir nur durch ebenso viele Viertelstunden unterbrachen, um uns mit den zärtlichsten Worten anzuspornen.«

Casanova gilt als größter Frauenverführer der Geschichte, und tatsächlich hatte er jede Menge Affären, 132 zählt er in seinen Memoiren auf. Aber in jede einzelne Frau, betonte er, war er aufrichtig verliebt. Während der Affäre mit M. M. war Casanova zum Beispiel permanent gekränkt und zweifelte an ihren Gefühlen. Und bevor es überhaupt zu einem Treffen kam, schrieb er den Damen seiner Wahl glühende Liebesbriefe. Ein Date mit der englischen Edelkurtisane Kitty, einer der begehrtesten Frauen des 18. Jahrhunderts, lehnte er ab, weil er kein Englisch konnte, und wortloser Sex für ihn wertlos war.

Dem vermeintlichen Playboy ging es nicht um die Eroberung an sich, sondern um die schöne Zeit, die Liebende miteinander haben können. Er war ein erotischer Utilitarist, der das größtmögliche Glück für die größtmögliche Anzahl von Beteiligten anstrebte. M. M. hatte ihm etwa früh erzählt, dass sie einen weiteren Liebhaber habe. Casanova störte das nicht. Und er hatte auch nichts dagegen, dass ihnen dieser Liebhaber später beim Sex zuschaute. Casanova verstand zwar nicht, was M. M. und ihren Liebhaber an dem Setting reizte, aber wieso sollte er zwei lieben Leuten einen Gefallen abschlagen: »Mir macht das nichts aus.«

In der Zeit, in der die Episode mit M. M. spielt, trugen die Venezianer fast das ganze Jahr ihre Karnevalsmasken, die einen Großteil des Gesichts verhüllten. Die Anonymität gab den Einwohnern die Freiheit, ihre verborgenen Wünsche und Sehnsüchte auszuleben. Man war frei, die Rolle zu spielen, die einem gerade gefiel. Auch Casanova behielt nicht immer die Macho-Maske auf. In seiner Autobiografie beschreibt er, wie er sich einmal über einen wissenschaftlichen Artikel empörte: Der Autor, ein Professor der Universität Bologna, hatte behauptet, man müsse den Frauen alle Fehler verzeihen, weil diese nun mal hysterisch (Der Bio-Vibrator, S. 183) und abhängig von den Irrungen und Wirrungen ihrer Gebärmutter seien, die sie gegen ihren Willen handeln ließe. Casanova schrieb sofort eine Erwiderung: »Die Frau hat einen Uterus, der Mann hat Sperma – das ist schon der ganze Unterschied«, argumentierte er. »Wenn aber die Gedanken aus der Seele und nicht aus dem Körper kommen, weshalb inkriminiert der Autor den weiblichen Uterus, nicht aber das männliche Sperma.« Casanova war nicht nur ein Frauenheld, sondern auch ein Feminist. Ein moderner Mann, der wusste, dass man nur mit starken Frauen wirklich glücklich werden kann.

KATHARINA DIE GROSSE NIMMT SICH EINEN LIEBHABER

~

Großfürst Peter Fjodorowitsch war ein schlimmer Kindskopf. Zwar begann er bereits im zarten Alter von zehn Jahren zu trinken. Das schwere Alkoholproblem war aber das einzig Erwachsene an dem russischen Thronfolger, der am liebsten seine Hunde mit der Peitsche malträtierte. Nachts spielte er mit seinen Puppen und nicht mit seiner Ehefrau, die kopfschüttelnd in ihrem eigenen Schlafzimmer lag. Das Paar schlief in getrennten Betten.

»Überhaupt war er sehr kindisch, obgleich er schon sechzehn Jahre alt war«, schrieb Zarin Katharina die Große in ihren Memoiren über ihren Ehemann Peter, zu dem sie 1744 im Alter von 14 Jahren aus dem preußischen Stettin nach Russland gekommen war. Ob die beiden jemals Sex hatten, ist unklar. Katharina bekam zwar 1754, mit 25, ihren ersten Sohn Paul. Der Vater war aber, wie Katharina in ihren Erinnerungen beichtete, der attraktive Kammerherr Sergei Wassiljewitsch Saltykow. Auch das zweite Kind, Anna, zeugte sie mit einem ihrer Liebhaber, der den schönen Namen Stanislaus II. August Poniatowski trug. Danach ließ sich Katharina mit dem Offizier Grigori Grigorjewitsch Orlow ein, dem Vater weiterer drei Kinder: Natalia, Elisabeth und Alexis, der 1762 geboren wurde. Im selben Jahr starb die alte Zarin Elisabeth, Katharinas Mann übernahm als Peter III. die Macht, verhielt sich aber bereits während der Trauerfeierlichkeiten unangemessen albern, wie Chronisten berichteten. Für Katharina war das der endgültige Anlass, ihren Ehemann abzuservieren. Mithilfe von Orlow brachte sie einige Garderegimenter hinter sich, zwang Peter, auf den Thron zu verzichten und rief sich zur Zarin aus. Peter kam wenig später unter »ungeklärten Umständen« ums Leben.

In ihrer Regierungszeit vergrößerte und modernisierte Katharina II. das russische Riesenreich, führte etwa ein effizientes Verwaltungssystem ein und öffnete das Land für die europäische Kultur. Voltaire nannte sie den »strahlenden Stern des Nordens«. Ihr Privatleben war aber fast noch fortschrittlicher. Es heißt, Katharina habe etwa 18 Liebhaber gehabt. Die Zarin vergnügte sich einige Jahre lang mit ihren Gespielen, bedachte sie mit Geld, Titeln und Anwesen – und trennte sich irgendwann wieder von ihnen. Nachteile hatten die Ex-Liebhaber nicht zu befürchten. Die einzige Ausnahme stellte Graf Alexander Matwejewitsch Dmitrijew-Mamonow dar, der sich während seiner Affäre mit der damals 60-jährigen Zarin auch mit einer 16-jährigen Hofdame vergnügte. Aber nicht einmal dem untreuen Mamonow krümmte Katharina ein Haar, sondern verbannte ihn lediglich vom Hof und schenkte ihm zum Abschied 100 000 Rubel und 2250 Leibeigene.

Katharinas große Liebe war der Fürst Grigori Alexandrowitsch Potjomkin, den sie angeblich sogar heimlich geheiratet hat. Die Liaison endete, als Potjomkin ein Auge verlor und sich vom Hof zurückzog. Netterweise beriet er seine Exfreundin in den folgenden Jahren bei der Wahl zukünftiger Geliebter und testete die Kandidaten in Bezug auf ihr Knigge- und Literaturwissen. Bevor es ernst wurde, ließ Katharina ihre Favoriten außerdem von einem Arzt genauestens auf Geschlechtskrankheiten untersuchen. Ihr letztes Boytoy legte die Zarin sich mit 60 Jahren zu, er hieß Platon Alexandrowitsch Subow und war gerade mal 22 Jahre alt.

SEXUALKUNDE-UNTERRICHT IN DER SÜDSEE

~

So muss das Paradies aussehen: Wellen brechen sanft an einem großen Korallenriff. Aus dem türkisfarbenen Wasser erhebt sich eine nur 52 Quadratkilometer große Insel: weiße Sandstrände, Palmen, Mangroven, Fischerboote, kleine Hütten. Am 29. März 1777 entdeckte Captain James Cook auf einer Reise durch den Südpazifik Mangaia, das zweitgrößte Eiland einer Inselgruppe, die mittlerweile seinen Namen trägt: Cookinseln. Die Bewohner sollen dem britischen Seemann einen kühlen Empfang bereitet haben. Cooks Schiff, die *HMS Resolution*, segelte jedenfalls sehr schnell weiter.

Es ist gut möglich, dass die Insulaner ein Geheimnis vor den europäischen Entdeckern bewahren wollten. Denn auf Mangaia herrschte eine der freizügigsten Kulturen der Welt, wie der amerikanische Anthropologe Donald S. Marshall berichtete, der die Insel knapp 200 Jahre nach Cook besuchte und dort über ein Jahr lebte. Marshall war auch der erste, der den speziellen Sexualkundeunterricht des Südseevolks dokumentierte.

Die Kinder wurden bereits im Alter von acht Jahren aufgeklärt. Fünf Jahre später begann dann der eigentliche Unterricht. Die erwachsenen Frauen kümmerten sich um die erotische Edukation der Mädchen, die Männer zeigten den Jungs verschiedene Stellungen und verrieten Tipps, wie man die sexuelle Ausdauer erhöhen könne. Nach etwa zwei Wochen Theorieunterricht wandten die männlichen Novizen ihre neuen Fähigkeiten erstmals an – ältere, erfahrene Frauen dienten ihnen dabei als Sex-Sparringspartner. Anschließend hatten die Jungs und Mädchen untereinander zu trainieren. Zu häufigen Partnerwechseln wurde ausdrücklich ermutigt. Es ging darum, den Menschen zu finden, mit dem man sexuell am besten harmoniert. Hatte man den idealen Partner gefunden, wurde geheiratet. Mit den Gespielen der Experimentierphase durfte man aber auch weiterhin ab und zu schlafen.

Mit militärischer Disziplin analysierte Marshall, der im Zweiten Weltkrieg mit der US-Armee im Pazifik gekämpft hatte, den erotischen Alltag der Mangaia:

Im Durchschnitt hatten 18-jährige Männer jeden Tag Sex, mit 28 Jahren an fünf bis sechs Tagen, mit 38 an drei bis vier und mit 48 an zwei bis drei Tagen pro Woche. Der Geschlechtsverkehr, so die kollektive Erwartungshaltung, sollte mindestens 15 Minuten dauern, besser 30 oder mehr. Der Sexualakt galt nur als geglückt, wenn auch die Frau zum Orgasmus gekommen war. Ein Mann, der seine Partnerin nicht befriedigen konnte, galt auf Mangaia als Schwächling. Der soziale Status eines Mannes hing von seinen Liebhaberqualitäten ab (Der Gott des Ständers, S. 50).

Die weißen Strände der Südseeinseln bildeten seit ihrer Entdeckung eine Projektionsfläche für die Fantasien der zivilisationsmüden Bewohner der Nordhalbkugel. Der Philosoph Denis Diderot kontrastierte den edlen und nackten »Wilden« schon im 18. Jahrhundert mit den verklemmten Europäern, die in zu engen Kleidern und Verhaltensvorschriften gefangen seien. Diese Vorstellung hat auch die westliche Ethnologie geprägt. Vermutlich zeichnete Donald S. Marshall in seiner Studie ein stark idealisiertes Bild der erotischen Südseekultur. Auf die Insel Mangaia hat sich schon lange kein Ethnologe oder Journalist mehr verirrt. Nach allem, was man weiß, pflegen die knapp 700 Bewohner der Insel weiterhin eine recht offene Sexualkultur. Es gibt aber auch Berichte über sexuellen Missbrauch, weil manche Männer die Frauen und Mädchen als Freiwild betrachten. Das erotische Paradies existiert nicht. An keinem Ort der Welt.

MARQUIS DE SADE KOMMT INS IRRENHAUS

~

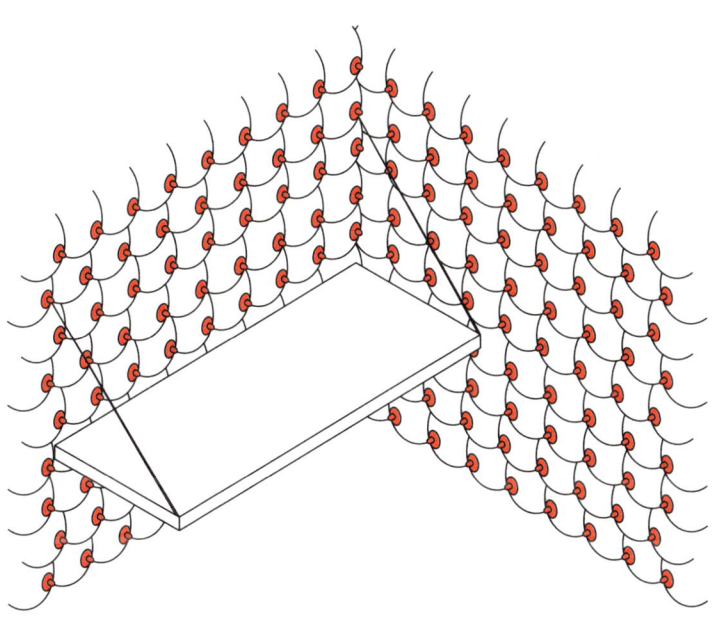

Am 6. März 1801 stürmte die Pariser Polizei das Büro des Verlegers Nicolas Massé. In den Redaktionsräumen ertappten die Beamten den 61-jährigen Donatien Alphonse François de Sade auf frischer Tat. Der Adelige korrigierte gerade ein Manuskript des Romans *La Nouvelle Justine ou les Malheurs de la vertu*, der wie fast alle anderen seiner Werke anonym erschienen und sofort verboten worden war. De Sade konnte die Urheberschaft an den Skandalbüchern, derer er schon lange verdächtigt wurde, nicht länger leugnen. Ohne dass ihm der Prozess gemacht wurde, kam er ins Gefängnis.

Obwohl sie offiziell verboten waren, gehörten de Sades Texte im frühen 19. Jahrhundert zum literarischen Kanon und wurden durch die Napoleonischen

Kriege in ganz Europa verbreitet. Die Handlung der Romane ähnelt sich dabei sehr. Hilflose Menschen – vornehmlich Kinder, Jungfrauen, Nonnen oder Witwen – geraten in die Fänge brutaler und skrupelloser Libertins und müssen sich in den Kerkern düsterer Zwingburgen den Perversionen ihrer Herren unterwerfen, keine Körperöffnung bleibt ungenutzt. Eine Szene aus dem Roman *Die 120 Tage von Sodom* ist dafür beispielhaft: »Der erhitzte Herzog ließ Sophie vortreten und empfing ihren Kot in seinem Mund und befahl danach Zélamir, diesen Kot zu essen. Was den Bischof betraf, so ahmte er seinen Bruder nach und ließ die zarte Zelmire scheißen und zwang Celadon, diese Konfitüre zu schlucken. Der Bischof und der Herzog entluden sich, die beiden anderen aber konnten oder wollten nicht und so ging man zum Abendessen über.« Unterbrochen werden die Orgien nur durch philosophische Exkurse der Übeltäter, in denen sie erklären, warum die Natur ihnen die Pflicht auferlegt habe, die Schwachen zu knechten. Jahrzehnte vor Darwin proklamierten sie: »Survival of the strongest«. Am Ende der Bücher stand immer der grausame Martertod der Opfer.

Zwar feierte der Marquis, der in jungen Jahren so schön gewesen sein soll, dass ihn die Menschen mit offenen Mündern anstarrten, auch im echten Leben gern Orgien und war ein Freund der Peitsche. Die menschenverachtenden Ausschweifungen, die er in seinen Büchern beschrieb, waren aber eher extreme Gedankenexperimente als eine Dokumentation realer Grausamkeiten. De Sade sah sich als Aufklärer, der die Abgründe der Sexualität und des Menschen aufzeigte, aber kein moralisches Urteil fällte.

Auf Druck seiner Familie wurde de Sade im Jahr 1803 aus dem Gefängnis in das Irrenhaus von Charenton südlich von Paris verlegt. Er freundete sich mit dem Direktor an, inszenierte mit der Theatergruppe moralisch erbauliche Stücke und fing eine Affäre mit der Tochter einer Angestellten an. 1814 starb de Sade und wurde auf dem Friedhof von Charenton beigesetzt. Sein Schädel, in dem so wilde Ideen getobt hatten, landete in einer medizinischen Sammlung.

DIE KÖNIGIN DES SCHMERZES

~

Ein Mann kauerte nackt und gefesselt in einem düsteren Gemäuer. Man hatte ihn an eine Art hölzerne Vorrichtung gebunden, die aussah, wie eine Mischung aus Klappleiter und Guillotine. Der Mann war wehrlos. Er stöhnte vor Lust. Eine barbusige Prostituierte kniete vor ihm und massierte seinen Penis. Hinter dem Mann stand eine Domina und schlug ihm mit einer Birkenrute, immer wieder, bis er auf die Brüste der vorderen Dame ejakulierte. Zuckerbrot und Peitsche. Handjob und Prügelstrafe. Ein Erfolgsprinzip (SM bei den Etruskern, S. 32).

Diese Szene stammt aus den Memoiren von Theresa Berkley, die im frühen 19. Jahrhundert im Londoner Stadtteil Marylebone ein einzigartiges und extrem lukratives Themenbordell betrieb.

London galt damals als Hauptstadt der SM-Kultur. Warum so viele Angehörige der britischen Oberschicht es liebten, sich mit der Peitsche bestrafen zu lassen, ist unklar. Manche waren der Ansicht, dass die strengen englischen Erzieher Generationen von Masochisten hervorgebracht hatten. Um die häufigen Prügel durch ihren Lehrer ertragen zu können, würden die Schüler irgendwann eine lustvolle Beziehung zum Rohrstock aufbauen. Vielleicht hatten die Herren des Empires es aber auch einfach satt, die ganze Welt mit ihren Schiffen und Kolonien zu beherrschen, immerzu Regeln aufstellen und die Kontrolle ausüben zu müssen, vielleicht wollten sie sich ab und an unterwerfen, endlich macht- und hilflos sein, dem Schicksal ergeben, ganz Mensch.

Fest steht, dass vor allem der Adel und die Oberschicht treue Kunden von Theresa Berkley waren, denn sie war nicht nur talentiert, sondern auch äußerst diskret. Angeblich suchte selbst Regent George IV. die »Königin ihrer Profession« auf, wie man Berkley nannte, angeblich, um sich sein Arschloch peitschen zu lassen. Gelegentlich gab die Herrin des Hauses die Peitsche auch mal aus der Hand und wechselte in die devote Position. War der Kunde aber unersättlich, grob oder hatte abgefahrene Sonderwünsche, musste er ein »Schmerzensgeld« zahlen. Berkley schickte dann eine ihrer robusteren Damen vor, etwa die »einäugige Peggy«.

Die wohlhabende Klientel ließ sich Berkleys Service einiges kosten und machte sie zu einer reichen Frau. Um die wachsende Nachfrage nach Schmerz bedienen zu können, stellte die Domina 1828 das *Berkley Horse* vor, jene oben beschriebene Vorrichtung, die erste Auspeitsch-Apparatur der Geschichte. Sie erlaubte es den SM-Dienstleisterinnen, ihre Freier von zwei Seiten gleichzeitig zu bearbeiten – extrem effizient. Die Kundschaft war begeistert. Ein SM-Fan, der von Berkleys berüchtigtem *Horse* gehört hatte, machte ihr ein verstörendes Angebot: »Ein Pfund Sterling, wenn das erste Blut fließt; zwei Pfund, wenn das Blut mir zu den Füßen rinnt; drei Pfund, wenn meine Fersen in Blut baden, vier Pfund, wenn das Blut auf den Boden tropft; fünf Pfund, wenn Sie es schaffen, dass ich das Bewusstsein verliere.«

1832 n. Chr.

DIE ERSTE KOMMUNE

~

Charles Fourier hatte von einem Anwesen geträumt, das sich am Grundriss von Versailles orientierte. *Phalanstère* sollte das Fantasieschloss heißen, und jeweils 810 Männer und Frauen beherbergen (Fourier vertrat nämlich die These, dass es genau 810 verschiedene Persönlichkeitstypen gibt). Diese 1620 Menschen sollten zusammenarbeiten, zusammenleben und einander lieben. Fourier versuchte also eine Antwort auf die uralte Frage zu finden: Ist eine bessere Welt möglich?

Charles Fourier, 1772 geboren, war ein französischer Sozialphilosoph und Utopist. Aber auch ein Mann der Tat. Am 15. November 1832 gründete er tatsächlich die erste *Phalanstère*, die leider ein wenig kleiner ausfiel als geplant: ein französischer Landsitz bei Condé-sur-Vesgre, 60 Kilometer westlich von Paris, zwei Stockwerke, knapp zwanzig Räume – nicht gerade Versailles, aber ein Anfang. Endlich konnte Fourier seine Ideen, die er in den Jahrzehnten zuvor entwickelt hatte, einem Praxistest unterziehen. Die Gleichberechtigung von Mann und Frau zum Beispiel. Fourier soll als erster den Begriff Feminismus im Zusammenhang mit der Frauenrechtsbewegung verwendet haben (zuvor war Feminismus ein medizinischer Fachbegriff, mit dem man die pathologische Verweiblichung des männlichen Körpers beschrieb).

Fourier wollte eine Gesellschaft ohne soziale Zwänge und ohne Hierarchien erschaffen, in der alle Mitglieder gemeinsam Ackerbau und Handwerk betreiben und trotzdem noch genug Zeit finden, ihre eigene Persönlichkeit zu entfalten. Es ging ihm aber auch um ein neues Modell von Partnerschaft und um die freie Liebe. In dem Buch *Aus der neuen Liebeswelt* schrieb Fourier 1829: »Seit Anbeginn der Zivilisation irrten sich alle Philosophen bei einer Sache: Sie begrenzten ihr Nachdenken über die Liebe nur auf Paare.« In der *Phalanstère* sollte deshalb jeder seinen Partner frei wählen dürfen, ohne befürchten zu müssen, von anderen gemaßregelt zu werden – ohne die »manische Inbesitznahme des anderen«, den »erotischen Jakobinismus«, der nur die heterosexuelle Liebe gelten ließ. Aus der großen Anzahl außerehelicher Affären schloss Fourier, dass jeder Mensch polyamourös veranlagt sei. Und was das Establishment als Perversion einstufte – Homosexualität, Sadomasochismus (Die Wahl der Qual, S. 128), Transsexualität – begriff Fourier als normale Ausformungen der menschlichen Lust. Das Begehren sah Fourier als natürliches Bedürfnis, als Durst, der gestillt werden muss. Deshalb wollte er in der *Phalanstère* auch Orgien veranstalten. Er schrieb: »Sicher ist, dass wir von Natur aus zur Liebesorgie neigen, genau wie zu der beim Essen. Im Exzess betrieben, ist sie zu tadeln, hält man sie aber im Gleichgewicht, ist sie zu loben.« In der harmonischen Welt der *Phalanstère* sollte die Orgie kein chaotisches Gruppengebumse sein, sondern klar geregelt, choreografiert und auf bestimmte Situationen abgestimmt: Fourier dachte zum Beispiel über Begrüßungsorgien nach, bei denen Neuankömmlinge in die Gruppe eingeführt werden sollten und prüfen konnten, mit wem sie körperlich gut zusammenpassten.

Die Kommune *(Phalanstère Colonie Sociétaire)* bei Condé-sur-Vesgre hatte etwa 60 Mitglieder, ob sie sich zu Beginn im Rahmen einer Begrüßungsorgie näherkamen, ist nicht bekannt. Wirklich erfolgreich war das Experiment mit der freien Liebe und dem freien Leben nicht. Die erste Phalanstère wurde schon 1836 wieder geschlossen, Charles Fourier war bereits nach einem Jahr wieder ausgestiegen, weil er der Meinung war, dass seine Mitstreiter unfähig seien, seine Ideen zu verwirklichen. Er starb 1837, bis zuletzt glaubte er daran, dass ein lustvolleres, glücklicheres Leben möglich ist – wenn man es wirklich will: »Es ist ein großer Irrtum, zu glauben, dass die Natur mit Talenten geizig sei, sie ist mit ihnen verschwenderisch weit über unsere Wünsche und Bedürfnisse hinaus; eure Sache ist es, die Keime zu entdecken und zu entwickeln.«

SEXTOURIST FLAUBERT REIST DURCH ÄGYPTEN

~

»Festes Fleisch, bronzefarbener Arsch, rasiertes Möschen, trocken, wenn auch fett…« notierte der große Schriftsteller Gustave Flaubert am 4. Dezember 1849 sachlich in sein Tagebuch. Er war gerade in Ägypten angekommen, hatte seine erste Nacht in Kairo aber nicht im *Hôtel d'Orient* verbracht, sondern sich in einem nahe gelegenen Bordell mit einem türkischen Freudenmädchen »auf dem Mattengeflecht« vergnügt.

Mehrere Monate bereiste Flaubert im Auftrag des französischen Landwirtschaftsministeriums das exotische Ägypten – von Alexandria ging es über Kairo bis nach al-Qusair im Süden und zurück. Flaubert sollte Statistiken über Ernteerträge erstellen. Die ministeriellen Anweisungen, so schrieb der 28-Jährige an einen Freund in Frankreich, wollte er aber am liebsten »als Toilettenpapier benutzen«. Flaubert interessierte sich nicht für den Zustand der Felder, er wollte wissen, was in den ägyptischen Schlafzimmern los war. Europa war seiner Meinung nach »ein Kerker der Prüderie«. Im Orient wollte der Schriftsteller exotische Sinnlichkeit und Erotik erfahren. Frigides Abendland, frivoles Morgenland.

Und er wurde nicht enttäuscht. Wenn Flaubert nicht gerade selbst auf der Suche nach Abenteuern war, beobachtete und skizzierte er das unzüchtige Treiben auf den Straßen der Städte. Ein Knabe in Kairo bot ihm gar seine eigene Mutter feil: »Wenn Sie mir fünf Paras geben, bring ich Ihnen meine Mutter zum Ficken. – Ich wünsche Ihnen das Allerbeste, vor allem eine lange Latte!« Auch lauschte er gerne den frivolen Geschichten, die überall erzählt wurden: In einem Witz war von einem Arzt die Rede, der sich mit einem Esel vergnügte. In einer anderen Anekdote ging es um einen Marabut (eine Art islamischer Heiliger), der »splitternackt auf der Straße mit einem Hut auf dem Kopf und einem anderen vor dem Schwanz spazieren« ging. Nahm er den Hut zum Pinkeln ab, hockten sich die unfruchtbaren Frauen unter den Urinstrahl »und ließen sich damit übergießen«.

Besonders angetan hatten es Flaubert die Bordelle. Im südägyptischen Dorf Esneh besuchte er mehrere Male das Etablissement einer Kurtisane namens

Ruchiouk-Hanem. Die Chefin höchstpersönlich entblätterte sich für ihn mit dem traditionellen ägyptischen »Bienentanz«, einer Art Striptease, bis auf ihren dunkelvioletten Gazeschleier. Flaubert war hin und weg. »Nach einer außerordentlich stürmischen Fickerei schläft sie ein«, schrieb er, »ich spürte ihren Bauch auf meinen Hoden, ihr Möschen, wärmer als ihr Bauch, wärmte mich wie ein heißes Eisen.«

Auch homosexuelle Abstecher waren Teil von Flauberts Tourismusprogramm: »Da wir zu Bildungszwecken reisen und einen Auftrag der Regierung haben, hielten wir es für unsere Pflicht, uns diese Form des Ergusses zu gönnen.« Er bestaunte die erotischen Auftritte von jungen Tanzknaben. Im Hamam, dem öffentlichen Bad, erlebte er einen homoerotischen Moment, als der Masseur seine »boules d'amour anhob, um sie zu säubern«, dann »begann er, mit der Rechten an meinem Schwanz zu ziehen, und während er ihn hoch- und runterzog, lehnte er sich über meine Schulter und sagte: ›Bakschisch, Bakschisch‹«. Der Masseur bat also um etwas Trinkgeld. Flaubert aber wollte nicht zahlen – und ging.

In seinen Tagebucheinträgen zeigte sich Flaubert beeindruckt davon, wie leidenschaftlich und aufgeschlossen die Ägypter waren. Womöglich prägte ihn der Trip auch in seinem literarischen Schaffen. Sieben Jahre nach seiner Reise veröffentlichte Gustave Flaubert *Madame Bovary*. Das Buch löste einen Skandal aus und wurde ein globaler Bestseller. Es handelt von der wunderschönen Emma Bovary, die ihre Lust frei ausleben will.

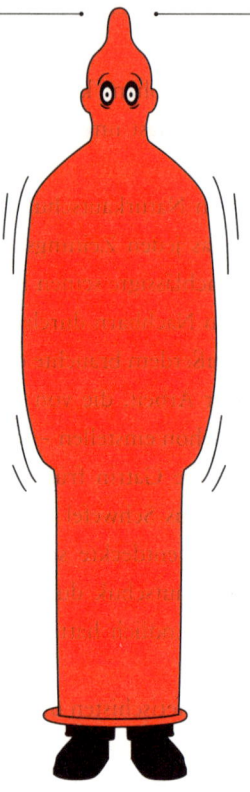

CHARLES GOODYEAR ERFINDET DAS KONDOM

~

»Wer kann Gummi sehen, ohne dabei Gott zu lobpreisen?«, hatte Charles Goodyear einmal ausgerufen. Zu behaupten, der Eisenwarenhändler aus Philadelphia habe den Gummirohstoff Naturkautschuk nur als interessante Investmentmöglichkeit betrachtet, wäre ein bisschen untertrieben. Bereits im frühen 19. Jahrhundert hatte man begonnen, aus dem Saft des südamerikanischen Baums *Hevea brasiliensis* einfache Regenmäntel herzustellen. Es gab nur ein Problem: Im Winter wurde der Kautschuk durch die Kälte steinhart, im Sommer verwandelte er sich in eine zähe, klebrige Masse. Die Frage, wie man die Widerstandsfähigkeit des Materials erhöhen könnte, ohne seine Flexibilität zu beeinträchtigen, brachte Goodyear fast um den Verstand. Und einmal auch ins Schuldgefängnis.

Seit er um das Jahr 1830 von Naturkautschuk erfahren hatte, war Goodyear von dem Thema besessen. Er las jeden Zeitungsartikel, brachte sich chemische Grundkenntnisse bei und vernachlässigte seinen regulären Job. Goodyear ließ es sogar zu, dass seine Familie von Nachbarn durchgefüttert wurde. Geld für Nahrungsmittel hatte er ja nicht. Außerdem brauchte er die Küche für die Kautschukexperimente. Nach langjähriger Arbeit, die von Misserfolgen und Unfällen geprägt war, wollte er die Arbeit schon einstellen – machte aber doch weiter. Wie es die Legende will, kam einmal die Gattin früher als angekündigt nach Hause. Goodyear versteckte eine Paste aus Schwefel und Kautschuk, an der er gerade arbeitete, im heißen Ofen. Und entdeckte so das Prinzip der Vulkanisation, also jenes Verfahren, bei dem Kautschuk durch Zeit, Temperatur und Druck widerstandsfähig gemacht wird. Endlich hatte er den Stoff gefunden, aus dem alle seine Träume waren.

Goodyear wurde zum Gummifetischisten und stellte Überschuhe, Visitenkarten und Wohnzimmervorhänge aus Gummi her. 1855 präsentierte er das erste Kautschukkondom der Welt: zwei Millimeter dick, seitlich von einer gefühlsintensiven Längsnaht durchzogen, ein gewaltiger zivilisatorischer Fortschritt.

Die Menschheit hatte schließlich schon lange mit dem Konzept des Präservativs experimentiert. Der kretische König Minos, Sohn von Zeus und Europa, benutzte der Sage nach ein Kondom, das aus einer Fischblase gefertigt war. Minos litt nämlich unter einer Geschlechtskrankheit, vor der er seine Gespielinnen schützen wollte: Statt Sperma ejakulierte er Skorpione. Die erste schriftliche Erwähnung erfährt das Kondom dann auch im medizinischen Kontext (die Kirche verbot ja den Einsatz von Verhütungsmitteln). In dem Buch *De morbo Gallico (Über die französische Krankheit)* rät der italienische Arzt Gabriele Falloppio im Jahr 1564 zum Einsatz von imprägnierten Leinensäckchen im Kampf gegen die Syphilis und andere Geschlechtskrankheiten (Ein Berliner Arzt besiegt HIV, S. 180). Gut 100 Jahre später, 1671, klagte die französische Adelige Marie Marquise de Sevigné in einem Brief an ihre Tochter aber immer noch: »Das Kondom ist eine Festung gegen die Lust, aber nur ein Spinnweb gegen die Gefahr.« In der Folge begann sich der Präservativmarkt langsam zu entwickeln: Der legendäre Liebhaber

Casanova (Casanova und die Nonne, S. 113) bezog seine Kondome von einer Fachhandlung in London, die von zwei Frauen gegründet worden war. Ungeklärt ist die Frage, warum das Kondom so heißt, wie es heißt. Angeblich soll der englische König Charles II (1630–1685) von seinem Leibarzt Dr. Contom oder Dr. Condom ein Hammeldarm-Präservativ erhalten haben, die Existenz eines Mediziners dieses Namens ist jedoch nicht belegt.

Charles Goodyear brachte seine Erfindung kein Glück. Viel Geld verdiente er mit seinen Kautschukpatenten nicht (offenbar bestand kein Bedarf an Gummivisitenkarten). Der bekannte Reifenkonzern wurde erst 1898 gegründet und gab sich den Namen nur, um den Gummipionier zu ehren. In Serienproduktion ging das Kondom erst im Jahr 1870. Charles Goodyear war bereits zehn Jahre zuvor gestorben, seine Gesundheit hatte durch die Chemieexperimente stark gelitten. Ein armer Mann, der die Menschheit reich beschenkte.

1870 n. Chr.

DIE WAHL DER QUAL

~

»Wieder ergriff mich jene seltsame Trunkenheit. ›Peitsche mich‹, bat ich, ›peitsche mich ohne Erbarmen.‹ Wanda schwang die Peitsche und traf mich zweimal. ›Tritt mich mit Füßen!‹, rief ich und warf mich, das Antlitz zur Erde, vor ihr nieder.«

Als Leopold von Sacher-Masoch 1870 seine Novelle *Venus im Pelz* herausbrachte, aus dem dieses Zitat stammt, gab es weder ein Wort für das Verlangen, Schmerz zu spüren oder anderen Menschen Schmerz zuzufügen, noch entsprechendes pornografisches Material. Wer Lust am Leid empfand, aber nicht Teil eines kleinen, elitären Kreises war (Die Königin des Schmerzes, S. 121), konnte höchstens versuchen, sich über historische Bildbände wie Antonio Gallonios *Über die Foltern der heiligen Märtyrer* aus dem Jahr 1594 kundig zu machen: ein Buch voller blutiger, seltsam sinnlicher Folterszenen. *Venus im Pelz* war der erste Roman, der diese erotische Spielart thematisierte, und bereitete damit einerseits den Boden für die noch heute bestehende SM-Subkultur – und andererseits für deren Pathologisierung (Sadismus im Otto-Katalog, S. 188).

Die Erzählung handelt von der reichen Witwe Wanda von Dunajew und ihrem unterwürfigen Mieter Severin, die ein hochkomplexes Verhältnis pflegen; die ältere Dame traktiert den jungen Mann mit der Peitsche – er kann gar nicht genug davon bekommen. Obwohl in dem Buch so gut wie keine Nacktszenen vorkommen und die beiden Protagonisten auch keinen Sex haben, war die sexuelle Intention hinter den Züchtigungen offensichtlich. Halb SM-Porno, halb hohe Literatur wurde das Buch aus dem Stand ein Bestseller in der Oberschicht. *Venus im Pelz* war eine nützliche Handlungsanleitung und brachte viele Leser dazu, ihre Leidenschaft auch in Wirklichkeit auszuleben: In den Monaten nach Erscheinen der Novelle erschienen auffallend viele Zeitungsannoncen, in denen nach Mitgliedern für Sacher-Masoch-Lesezirkel gesucht wurde.

Für den Autor endete die Erfolgsgeschichte tragisch. Als er sich auf dem Höhepunkt seiner Karriere von seiner ersten Ehefrau scheiden ließ, kam es zu einem Rosenkrieg, über den in seiner Heimatstadt Graz viel getratscht wurde. Um ihre Verhandlungsposition zu verbessern, leakte Angelika Aurora, geborene Rümelin, pikante Details aus ihrem Leben mit dem Autor: erotische Sklavenverträge, die den Vereinbarungen ähnelten, die Wanda mit Severin im Roman abschließt. Das Privat- und Sexleben des Bestsellerautors wurde also bereits in der Öffentlichkeit verhandelt, als der Sexualwissenschaftler Richard von Krafft-Ebing, der ebenfalls in Graz wohnte, 1886 sein Traktat *Psychopathia sexualis* herausbrachte: Darin beschreibt er die »Verbindung passiv erduldeter Grausamkeit und Gewalttätigkeit mit Wollust« nicht als legitime Praxis, sondern als schwere psychische Störung. Während der Marquis de Sade (Marquis de Sade kommt ins Irrenhaus, S. 119) von Krafft-Ebing als Namenspatron für die Sadisten diente, nannte er Menschen, die Schmerzen geil finden, nach Sacher-Masoch einfach Masochisten. Kollegen wie Karl Kraus oder Theodor Lessing versuchten noch, den Rufmord für ihren Freund abzuwenden. Erfolglos. Sacher-Masoch starb neun Jahre später als gebrochener Mann.

DER AFRIKANISCHE WEG ZUM GLÜCK

~

Der König war auf irgendeinem Feldzug, so wie das Könige eben von Zeit zu Zeit sind. Weil seiner Ehefrau langweilig war, schickte sie nach einem Palastwächter namens Kamagere und befahl ihm, mit ihr die Nacht zu verbringen. Kamagere gehorchte, weil man sich einem königlichen Befehl ja schlecht widersetzen kann. Als die Nacht anbrach, zitterte der Soldat jedoch am ganzen Körper, vielleicht, weil er sich vor der möglichen Rache des Königs fürchtete, vielleicht aus Ehrfurcht vor der royalen Intimzone. Auf jeden Fall war Kamagere nicht fähig, den Akt auf herkömmliche Art durchzuführen, immer wieder verfehlte sein Penis das Ziel, er vollführte wilde, unkontrollierte Bewegungen, die vielleicht seltsam aussahen, die Königin aber zum Orgasmus brachten.

In dieser Nacht, so die Legende, wurde die afrikanische Liebeskunst *Kunyaza* erfunden. Die Geschichte spielte sich wohl während der Regierungszeit von Kigeri IV. ab, einem Spross der dritten ruandischen Königsdynastie, der das Land von 1853 bis 1895 regierte. Kigeri war als Kriegerkönig bekannt und vergrößerte mithilfe der Waffenlieferungen von deutschen Kolonialisten sein Reich erheblich. Aber er ließ seine Frau nachts oft allein.

Der Palastwächter Kamagere hatte, ohne es zu wollen, eine Lösung für ein Menschheitsproblem gefunden. Damit Frauen zum Höhepunkt kommen, muss meist ihre Klitoris stimuliert werden, was während des 08/15-Geschlechtsverkehrs selten passiert (Der operative Orgasmus, S. 143). Beim *Kunyaza* dringt der Mann nur zu Beginn in die Frau ein, zieht sich dann zurück und reibt und klopft mit dem Penis auf Klitoris, Schamlippen und die übrige Vulva-Peripherie. Übersetzt bedeutet *Kunyaza* »zum Urinieren bringen«. Denn aufhören darf der Mann erst, wenn die Frau eine Ejakulation hat.

Kunyaza ist mittlerweile in ganz Ostafrika verbreitet und hat auch Fans in Europa. Die reine Lehre wurde dabei ein wenig verwässert. *Kunyaza*-Anhänger räumen inzwischen ein, dass man sich auch mit multiplen Orgasmen der Frau zufriedengeben könne, die Ejakulation sei nicht in jedem Fall nötig, schon gar nicht die ungeheure Menge, die von den Dogmatikern ursprünglich vorgeschrieben war: drei Liter.

EIN FRAUENARZT ERFINDET DEN VIBRATOR

~

Es ist nicht bekannt, wie viele Frauen Joseph Mortimer Granville in seiner Karriere zum Orgasmus gebracht hat. Er selbst war ein Gentleman und schwieg. Vermutlich waren es Hunderte. Granville, geboren 1833, war ein englischer Arzt und Erfinder. In seiner Praxis in London untersuchte er schwangere Frauen, therapierte Geschlechtskrankheiten und brachte seine Patientinnen mit großer Routine per Vaginalmassage zum Höhepunkt.

Granville machte das nicht, weil ihm die Therapie selbst große Freude bereitete, sondern berief sich auf eine lange medizinische Tradition. Schon Hippokrates hatte im dritten Jahrhundert vor Christus die Krankheit »Hysterie« beschrieben, die nur Frauen befalle und deren Symptome von Melancholie, Schlaflosigkeit und nervöser Verwirrung bis hin zu Schwachsinn, Nymphomanie und erotischen Fantasien reichten. Der Begriff geht auf das griechische Wort für Gebärmutter, *hystéra*, zurück (Hippokrates glaubte, dass das Frauenleiden, die sogenannte Hysterie, von der Gebärmutter ausgehe und einen Stau weiblicher Körpersäfte nach sich ziehe. Wie man sich das genau vorzustellen habe, erwähnte er nicht).

Von der Antike bis zur Renaissance waren sich die Gelehrten einig, dass man bei diffusen psychischen Leiden am besten ein Orgasmusrezept ausstellte. Durch beherzte Massage mit einem geölten Finger, schrieb 1653 etwa der holländische Arzt Petrus Forestus, werde die Krankheit zur finalen Krise gebracht. Nach Einsetzen des »hysterischen Paroxysmus« – des Orgasmus – würden sich die Ärmsten wieder beruhigen. Aber auch die Ärzte hatten es nicht leicht. Der britische Anatom Nathaniel Highmore beklagte sich 1660 darüber, wie schwer die Behandlung zu erlernen sei, zumal sie bei jeder Patientin anders funktioniere. Entmutigt verglich er das Unterfangen mit dem »Spiel der Buben, sich mit der einen Hand den Bauch und mit der anderen in umgekehrter Richtung den Kopf zu reiben«.

Im 17. Jahrhundert sprach der britische Arzt Thomas Sydenham von der »meistverbreiteten Krankheit nach Fieber«, im 19. Jahrhundert schien sich die Hysterie pandemisch auszubreiten. Immer mehr Patientinnen drängten in die

Wartezimmer der Gynäkologen. Und meistens wurden sie nicht nur einmal vorstellig. Die Medizinindustrie begab sich deshalb auf die Suche nach technischen Lösungen, um mehr Frauen in kürzerer Zeit behandeln zu können.

Bereits im 18. Jahrhundert hatten Ärzte mit Hydrotherapien und Duschstühlen experimentiert, die jedoch nur in Arztpraxen und Krankenhäusern installiert werden konnten, die über fließend Wasser verfügten – es handelte sich um Luxusprodukte. 1869 stellte der amerikanische Arzt seinen *Manipulator* vor: Die Patientinnen legten sich auf einen Behandlungstisch und wurden von einem Stab massiert, der von einem Pedal und einer Dampfmaschine angetrieben wurde. Das Gerät war enorm groß und auch sehr teuer.

Auch Joseph Mortimer Granville litt unter einem Tennisarm, weil er so viele Vaginalmassagen durchführte. Der Mann war aber nicht nur ein guter Arzt, sondern auch ein talentierter Erfinder und grübelte in seiner Freizeit unablässig über eine befriedigende Ersatzlösung nach. 1883 folgte dann der Durchbruch: Granville entwickelte eine Art Bohrmaschine, etwa 15 Zentimeter lang, an deren Spitze sich eine Kugel befand, die auf Knopfdruck zu ruckeln begann. Die Energie bezog das Gerät aus einem Koffer, in dem mehrere Zink-Kohle-Batterien steckten: der erste strombetriebene Vibrator der Welt. Granville gelang es, die durchschnittliche Behandlungszeit von bis zu einer Stunde auf etwa zehn Minuten zu senken. Er selbst nannte sein Gerät *Percuteur* (Schlagbolzen). In der Öffentlichkeit wurde das Instrument unter dem Namen »Granvilles Hammer« bekannt und war eine Sensation. Alle Ärzte wollten den Hammer. Und alle Patientinnen.

Die Erfindung brachte Joseph Mortimer Granville ein Vermögen ein. Er selbst beteuerte allerdings immer, er habe den *Percuteur* nicht für Frauen entwickelt, sondern um die verspannte Skelettmuskulatur von männlichen Patienten zu behandeln.

Die Idee wurde rasch kopiert. Im Jahr 1900 wurden auf der Pariser Weltausstellung bereits über ein Dutzend Vibratormodelle vorgestellt. In amerikanischen Illustrierten wurden viele Vibratoren-Anzeigen geschaltet. 1918 bewarb der *Electrical-Goods*-Katalog der Firma Sears, Roebuck & Company ein Modell, »das jede Frau schätzt«, weil es auch als Mixer, Schleifmaschine und Ventilator eingesetzt werden könne. Der Vibrator galt nicht als anstößiges Objekt, weil man ihn nicht mit Sex verband, sondern mit psychischem Wohlbefinden. Erst als Ende der 1920er-Jahre in Erotikfilmen wie *Freuden einer Witwe* Frauen zu sehen waren, die sich mit Vibratoren stimulierten, fanden die Männer den Penisersatz verdächtig. Binnen kürzester Zeit verschwanden die Geräte aus den Läden.

PRINZ EDWARD BASTELT SICH EINEN LIEBESSTUHL

~

Albert Edward Prince of Wales, den alle nur Bertie nannten, liebte die Jagd, rauchte 20 Zigaretten und zwölf Zigarren am Tag. Der englische Kronprinz war ein Modefan und wechselte bis zu sechsmal am Tag die Garderobe. Sein Appetit war legendär, sein Bauchumfang entsprechend groß. Der Mann war ungekrönt und unersättlich. Obwohl er eine glückliche Ehe mit Alexandra von Dänemark führte, hatte er unzählige Mätressen und ging regelmäßig ins Bordell.

Sein Lieblingspuff was das *Le Chabanais* in Paris, in dem es aufwendige Mottozimmer gab, die unter anderem einem Hindu-Tempel, dem Schloss Versailles oder einer maurischen Oase nachempfunden waren – ein Paradies für Rollenspieler. Der edle Besucher von der Insel hatte eine persönliche Suite, an deren Wänden sein Wappen prangte und die mit einem enormen Bett und einer Kupferbadewanne ausgestattet war, die oft mit Champagner gefüllt wurde. Daneben stand das eigentliche Herzstück von Berties Liebesstube: der *Fauteuil d'amour*, den der Pariser Stuhlmacher Louis Soubrier angefertigt hatte. Das edle Sexmöbelstück, das mit Goldbeschlägen und Schnörkeleien verziert war, hatte zwei Ebenen: Das Fundament bildete eine niedrige Chaiselongue. Einen knappen Meter darüber befand sich die zweite Etage, die aussah, wie eine Mischung aus Thron und Gynäkologenstuhl. Auf jeder Ebene nahm eine Fachkraft des *Chabanais* Platz und legte die Beine auf die vergoldeten Schienen. Die Vorrichtung war auch mit zwei langen, vertikalen Griffen ausgestattet, an denen sich Prinz Edward festhalten konnte, wenn er vor den *Fauteuil d'amour* trat und stehend seinen Pflichten nachging. In einer fließenden Bewegung und ohne Zeitverlust konnte er von der Dirne, die auf der unteren Matratze lag, zu der Gespielin im zweiten Stock wechseln – man kann sagen, was man will, aber das Design war effizient (und die Prostituierten mussten nicht befürchten, von dem fetten Prinzen erdrückt zu werden).

Edwards Eltern missfiel sein frivoler, maßloser Lifestyle sehr. Königin Victoria bemerkte einmal: »Ich kann ihn nicht anschauen, ohne zu Erschaudern.« Edward VII., genannt Bertie, war 59 Jahre alt, als er 1901 nach ihrem Tod den britischen Thron bestieg. Gelangweilt hat er sich beim langen Warten auf Krone und Macht allerdings nie.

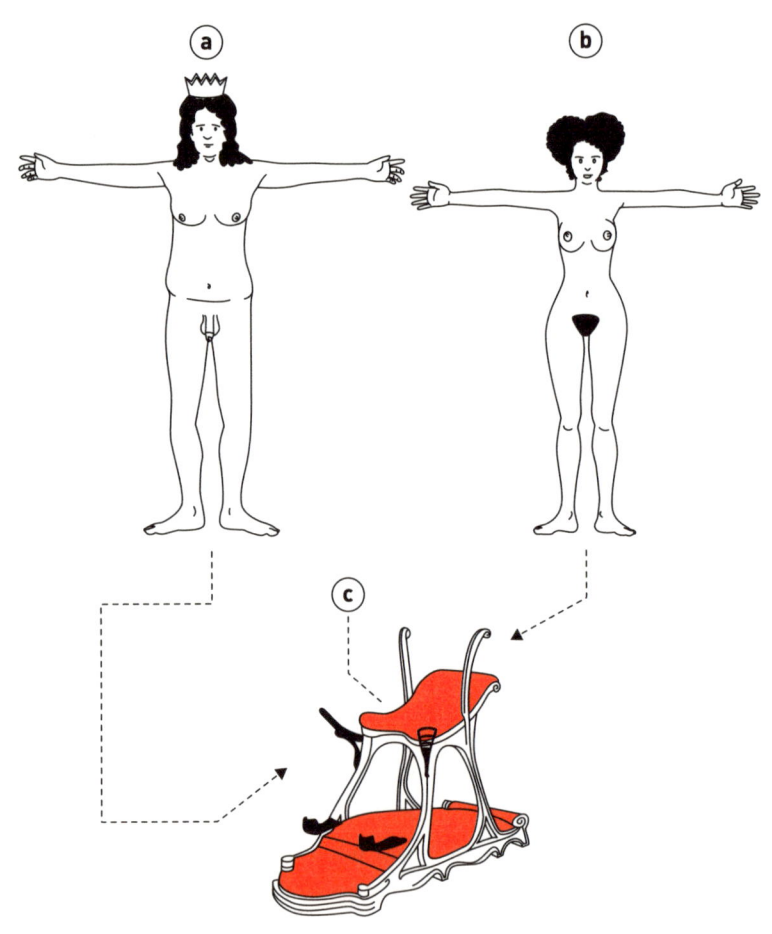

SEXY MATROSEN

~

Am 12. Januar 1910 spazierten Frances Smith und May Burke gemeinsam die Montgomery Avenue in San Francisco hinunter. Es war früh am Morgen, vielleicht waren die beiden Mädchen lange aus gewesen oder gingen einfach nur zum Bäcker. Woher genau sie kamen und wohin sie unterwegs waren, ist aber auch gar nicht so wichtig. Das Aufsehenerregende war, dass Frances ihre Freundin May auf eine galante, »sehr männliche Art« durch die ersten Stunden des Tages führte, wie die Zeitung *The Evening News* am nächsten Tag berichtete. Und sie trug einen Matrosenanzug.

Drei Polizisten, allesamt, wie *The Evening News* schrieb, »Experten für den weiblichen Gang«, durchschauten das Kostüm von Frances sofort und verhafteten das Paar. Beide waren noch minderjährig. Frances erhielt eine Strafe wegen »Maskierung als Mann«, May wurde wegen »Vagabundierens« belangt. Es ist nicht zu rekonstruieren, ob die beiden tatsächlich ein Liebespaar waren. Aber Frances Smith war wohl eine der ersten Frauen, die ihre männliche Seite mit der Matrosenuniform betonte. Ein Modetrend mit emanzipatorischer Kraft für die homosexuelle Community.

Seemänner haben sowohl einen harten Job, der körperliche Kraft und Mut erfordert, als auch eine traditionelle Vorliebe für Ohrringe, Tattoos und anderen Zierrat. Sie vereinen männliche und weibliche Attribute und leben zwischen den Kontinenten, sind frei, wurzellos und müssen sich nicht um Straßenverkehrsordnung, Sittlichkeitsgebote und weitere Festlandsnormen scheren. Und überhaupt: Wer weiß, was die Matrosen auf Schiffen und hoher See so alles treiben, in der Karibik oder vor Shanghai.

Die französische Chansonnière und bekennende Lesbe Suzy Solidor schmetterte in ihrem Nachtklub *La Vie Parisienne* im blau-weißen Marinedress wilde Seemannslieder. Der Großkünstler Jean Cocteau malte einen seiner Liebhaber, den Matrosen Jean Desbordes, wiederholt in aufreizender Pose und der Kleidung seiner Zunft. Und auch Tadzio, der sanfte, schöne Knabe, in den sich Gustav von Aschenbach in Thomas Manns *Tod in Venedig* verliebt, spielt am Strand in einem gestreiften Seemannskostüm. Die Matrosenkleidung war die Uniform und das Erkennungszeichen jener Menschen, die im frühen 20. Jahrhundert zu neuen Ufern aufbrachen.

1919 n. Chr.

OSKAR KOKOSCHKA LÄSST SICH EINE SEXPUPPE BAUEN

~

»Wie schön sie war, wie verführerisch hinter ihrem Trauerschleier! Ich war verzaubert von ihr!« Als Oskar Kokoschka im Jahr 1912 zum ersten Mal auf Alma Mahler traf, die junge Witwe des großen Komponisten Gustav Mahler, verliebte er sich augenblicklich. Almas Stiefvater, der österreichische Künstler Carl Moll, schätzte den damals 26 Jahre alten Expressionisten und hatte ihn beauftragt, die junge Frau zu malen. Die Porträtsitzung endete in einer heftigen Affäre. Alma Mahler beschrieb die folgenden drei Jahre als »eine stolze Schlacht der Liebe«, Kokoschka war krankhaft eifersüchtig und geradezu besessen vom »schönsten Mädchen Wiens«: »Du darfst mir nicht auch nur für einen Augenblick entgleiten, deine Augen müssen immer, ob Du bei mir bist oder nicht, auf mich gerichtet sein, wo Du auch seist.« Wenn sie nicht miteinander schliefen, malte er sie. Immer wieder bat er sie um ihre Hand – immer wieder lehnte sie ab. Als Alma Mahler im Juli 1912 schwanger wurde, trieb sie das Kind ab und erzählte Kokoschka erst einige Zeit später davon. Es kam zu einem Streit und schließlich zur Trennung. In dieser Zeit malte er ein Gemälde mit dem Titel »Alma Mahler spinnt mit Kokoschkas Gedärmen«. Während sie im August 1915 den Architekten Walter Gropius heiratete, mit dem sie zwei Kinder bekam, litt Kokoschka unter dem Ende der Liebe, viele Jahre lang. Im Sommer 1914 brach der Erste Weltkrieg aus und Kokoschka ging als Freiwilliger zum Dragoner-Regiment »Erzherzog Joseph Nr. 15«, kämpfte unter anderem in der Ukraine und erlitt einen Kopfschuss. Er überlebte nur knapp. Im Winter 1918, der Krieg war endlich vorbei, gab er der Münchner Puppenmacherin Hermine Moos dann einen seltsamen Auftrag: eine lebensgroße Stofffigur, die aussehen sollte wie »das schönste Mädchens Wiens«. Auf braunes Packpapier zeichnete Kokoschka zunächst Almas Antlitz auf und gab in zwölf weiteren Briefen detaillierte Anweisungen: »Bitte machen Sie es dem Tastgefühl möglich, sich an den Stellen zu erfreuen, wo die Fett- und Muskelschichten plötzlich einer sehnigen Hautdecke weichen. Die Haut wird wohl aus dem dünnsten Stoff, den es gibt, entweder Flauschseide oder dünnster Leinwand bestehen und in kleinen Flecken aufmodelliert werden müssen.« Keiner Detailfrage weicht Kokoschka aus: »Ist der Mund zum Öffnen? Und sind auch Zähne und Zunge drinnen? Ich wäre glücklich! Die Hornhaut vielleicht mit Nagellack glasieren. Es wäre hübsch, wenn man die Lider über das Auge auch schließen könnte. Die behaarten Stellen nicht sticken, sondern wirkliche Haare einziehen.«

Kokoschka wünschte sich eine gefühlsechte Puppe, bittet Hermine Moos etwa darum, dass sich auf der Außenhaut möglichst keine Nähte befinden sollten, so »dass es mir weh tut und mich daran erinnert, dass der Fetisch ein elender Fetzenbalg ist«. Außerdem bestand er auf einem anatomisch korrekten Alma-Nachbau: »Ich muss es noch schreiben, obwohl ich mich schäme… es müssen die parties honteuses auch vollkommen und üppig ausgeführt werden und mit Haaren besetzt sein, sonst wird es kein Weib, sondern ein Monstrum.«

Endlich, am 22. Februar 1919, erreichte Kokoschka seine Auftragsarbeit in Dresden. Als er das Paket öffnete, fand er, wie er sich später erinnerte, ein plumpes Gebilde aus Stoff und Holzwolle vor: Die Arme und Beine waren unproportionierte, wie mit Mehl gefüllte Strümpfe, die Haut ein Eisbärenfell, überall Drahtenden, Stecknadeln, Nähte. Kokoschka war enttäuscht: Die Fetischpuppe fühlte sich nicht im Entferntesten wie Alma an. Sein Traum von der Liebe ohne Schlacht war geplatzt. Er gab der Puppe aber trotzdem eine Chance, versuchte, die tote Materie zum Leben zu erwecken: Er kleidete sie in teure Kostüme und

Dessous, angeblich fuhr er auch mit ihr aus und nahm sie mit ins Theater. Der befreundete Schriftsteller Kurt Pinthus erinnerte sich an einen Besuch in Kokoschkas Atelier: »Auf dem Sofa, hinter dem runden Tisch, saß lebensgroß, schimmernd weiß, gekrönt von kastanienbraunem Haar, einen blauen Mantel um die Schulter, die Puppe, der Fetisch, die künstliche Frau, die ideale Geliebte, das ideale Modell.«

Kokoschka selbst machte dem Spuk schließlich ein Ende: »Endlich, nachdem ich sie hundertmal gezeichnet und gemalt hatte, habe ich mich entschlossen, sie zu vernichten. Die Puppe hatte mir die Leidenschaft gänzlich ausgetrieben. Ich machte also ein großes Champagner-Fest mit Kammermusik, während dem mein Kammermädchen Hulda die Puppe mit all ihren schönen Kleidern zum letzten Mal vorführte. Als der Morgen graute, habe ich im Garten der Puppe den Kopf abgehackt und eine Flasche Rotwein darüber zerschlagen. Am nächsten Tag schauten ein paar Polizisten zufällig durch das Gartentor, erblickten, wie sie meinten, den blutüberströmten Körper einer nackten Frau, und stürzten in der Verdächtigung eines Liebesmordes ins Haus hinein. Genau genommen war es das auch, denn an jenem Abend hab ich die Alma ermordet.«

ANITA BERBER TANZT NACKT DURCH BERLIN

~

Eine echte Diva kann den Tag nicht mit Langweilergetränken wie Kaffee oder Tee beginnen. Und selbstverständlich isst sie auch keine belegten Brötchen. Das Frühstück von Anita Berber, einer Berliner Schauspielerin, Nachtclubtänzerin und Selbstdarstellerin, sah ein wenig anders aus. Die junge Frau mischte in den 1920er-Jahren täglich Äther und Chloroform in einem Glas, tauchte eine weiße Rose in den Betäubungsmittelcocktail und aß deren feuchte Blütenblätter. Das Elixier wirkte erhebend und löschte jegliche Selbstzweifel aus. Anita Berber sagte einmal: »Wenn jeder einen Körper hätte wie ich, würden alle nackt herumlaufen.«

Oft trug sie nur einen Mantel aus Zobelfell, den sie gerne am helllichten Tag in einer Bar oder einem Restaurant fallen ließ. Abends zeigte sie in den Nachtclubs der Stadt wilde Tänze. Die Berber war eine der berühmtesten, verruchtesten Frauen Berlins und trat regelmäßig im Cabaret *Weiße Maus* auf, wo Männer und Frauen ihre Gesichter hinter weißen und schwarzen Masken verbargen. Ein Augenzeuge berichtete: »Man ruft ihr freche Worte zu. Die beantwortet sie mit so unanständigen Ausdrücken, dass hinter der weißen Maske Röte aufsteigt. Während die Berber auf die Meute herunterkrakeelt, bewegt sie sich in ihren durchsichtigen Schleiern hin und her. Es dauert nicht lange und das ganze Lokal ist ein einziges Geschrei und Toben, Gezeter und Gelächter. Da springt Anita Berber wie von Sinnen von der Rampe hinunter, greift in einen Sektkübel und zieht eine Flasche einem dicken Lacher über den Schädel.«

Die Berber war das It-Girl einer Stadt, die Stefan Zweig als »Babel der Welt« bezeichnete: verkommen, untreu, ekstatisch, kurz vor dem Delirium. Es ist davon auszugehen, dass Berbers Fans ebenso berauscht waren wie die Diva selbst. Kokain, Morphium und Opium waren damals sehr beliebt und konnten in der Apotheke erworben werden. Deutsche Chemieunternehmen stellten 80 Prozent des weltweit konsumierten Kokains her und auch einen Großteil des Heroins. Männer führten sich rektal Radiumzäpfchen ein oder tropften sich ein Extrakt der Yohimbé-Rinde auf die Zunge, um ihre Potenz zu steigern.

Anita Berber, die ihr Leben lang am Abgrund tanzte, starb 1928 mit 29 Jahren an Tuberkulose. Nicht viel später war auch die wollüstige Ekstase der Weimarer Republik vorbei. Kein Tanz mehr, nun regierte der Marsch in Reih und Glied.

1921 n. Chr.

DIE ENTFESSELUNG DES BONDAGE

~

Ein Wintertag in Japan. Kise Sahara stand nackt und gefesselt in einem verschneiten Garten. Das Seil fixierte nicht nur die Hände der jungen Frau auf dem Rücken, sondern war so raffiniert um Bauch und Beine gewickelt, dass sie in eine nach vorn gebeugte Haltung gezwungen wurde. Kise Sahara sah völlig wehrlos und schutzlos aus (und bestimmt stach ihr die Kälte in die Haut wie tausend Nadeln). Zugleich wirkte die Pose seltsam elegant. Nur ein paar Meter entfernt stand ihr Ehemann, der japanische Maler Seiu Ito, und drückte hektisch auf den Auslöser seiner Kamera. An diesem Wintertag im Jahr 1919 entstand Itus Foto *Folter im Schnee*. Ein Höhepunkt seiner Karriere.

Viele Jahre lang hatte der damals 39-Jährige diesen Anblick herbeigesehnt. Als er noch ein Kind war, hatte ihm seine Mutter oft Märchen erzählt, in denen Prinzessinnen von irgendwelchen Bösewichten entführt und in dunkle Verliese gesperrt wurden. Die Hilflosigkeit der Mädchen hatten den jungen Seiu irgendwie erregt. Er lernte die Kunst der traditionellen Malerei und des Elfenbeinschnitzens. Zu seinen liebsten Motiven gehörten Folterszenen aus der japanischen Geschichte.

Nun aber konnte er seine Fantasien zum ersten Mal in die Wirklichkeit überführen. Denn zu seinem unermesslichen Glück hatte er nun eine Frau an seiner Seite, die den Schmerz und das Gefühl der Wehrlosigkeit schätzte (Die Wahl der Qual, S. 128). Die beiden passten wirklich gut zusammen. Kise Sahara liebte es, gefesselt zu werden, Seiu Itu liebte es, zu fesseln. Und weil er ein Künstler war und auf die schöne Form achtete, war es ihm wichtig, seine zweite Ehefrau,

die zunächst als Model für ihn gearbeitet hatte, auf kreative Art und Weise zu verschnüren: nach Art der Samurai.

Schon im 16. Jahrhundert wendeten die japanischen Samurai besondere Fesseltechniken an, um ihre Gegner außer Gefecht zu setzen. Dabei achteten sie darauf, dass das Seil nicht unangenehm in die Haut des Häftlings einschnitt oder ihn gar verletzte. Gleichzeitig war die kunstvolle Methode, mit der sie das Hanfseil um den Körper wickelten, eine Art Schriftzug mit klarer Botschaft: Du gehörst jetzt mir!

Im Laufe des 17. Jahrhunderts verfeinerten die zahlreichen Kampfkunstschulen der japanischen Edo-Zeit (1603–1868) die Fesseltechnik. Immer öfter wurde sie auch von der Polizei eingesetzt, um Kriminelle zu bändigen. Die Kunst des Hanfseilknotens folgte feinen Codes. Die Farbe des Stricks sowie die Art der Seilführung verriet den Eingeweihten, welche die Seilschrift lesen konnten, den gesellschaftlichen Rang des Delinquenten sowie sein Vergehen. Vermutlich im 18. Jahrhundert, ein genauer Zeitpunkt ist nicht auszumachen, muss jemand die raffinierte Technik aus dem Knast in die Privatgemächer überführt haben. Das Fesselspiel war in Japan weitverbreitet, offen gesprochen wurde darüber jedoch nicht. Das änderte erst Seiu Ito. Das Foto seiner gefesselten Frau im Garten gilt als erste sadomasochistische Aufnahme Japans und machte Ito berühmt. In den Jahren darauf prägte das Paar mit ihren Fotografien die Ästhetik der Bondage-Kunst. Auf Itos berühmtestem Bild baumelte Kise Sahara, die damals im achten Monat schwanger war, gefesselt und kopfüber von der Decke. Der Titel des Fotos von 1921: *Gebärende Mutter auf dem Kopf hängend*.

DER OPERATIVE ORGASMUS

~

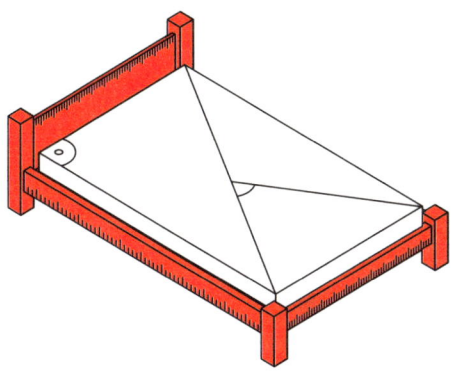

»Muss ich auf Sexualität verzichten? Nur arbeiten, schreiben, analysieren?«, fragte Marie Bonaparte sich bang, nachdem sie im Bett alles versucht und dennoch nie einen vaginalen Orgasmus erlebt hatte. Sie hatte viele Affären gehabt und fühlte sich doch unbefriedigt. Eine Freundin aus Amerika, die »auf ihre Onanie stolzer war als auf zehn Doktortitel«, hatte Bonaparte ein paar technische Tipps für das Masturbieren gegeben – fruchtlos. Auch eine mehrjährige Psychoanalyse bei Sigmund Freud persönlich, mit der sie die inneren Barrieren hatte niederreißen wollen, die ihr den Weg zum Höhepunkt versperrten, war ohne Erfolg geblieben. So entschloss sich die reiche Urgroßnichte Napoleons und Gattin von Prinz Georg von Griechenland 1927 zu einem radikalen Schritt und Schnitt. In der Praxis des renommierten Wiener Chirurgen Josef von Halban ließ Marie Bonaparte die erste moderne Intim-OP durchführen: Ihre Klitoris sollte näher an den Vagina-Eingang gerückt werden.

Einige Jahre zuvor hatte Sigmund Freud den vaginalen Orgasmus zum wichtigsten Merkmal des weiblichen Wesens erklärt. In seinen *Drei Abhandlungen zur Sexualtherapie* aus dem Jahr 1905 vertrat er die These, dass Frauen, die nur durch Streicheln der Klitoris und nicht durch männliche Penetration zum Orgasmus kommen, frigide seien. Dieser Missstand sei, wie immer bei Freud, in der Kindheit begründet. Jungen spielen am Penis, Mädchen an der Klitoris, dem »verstümmelten Phallus«. In der Pubertät würden gesunde Mädchen diese Fummelei, bei der es sich um einen männlichen Sexualitätsanteil handle, aber aufgeben. Eine erwachsene Frau, so Freud, empfinde nur Lust, wenn sie mit einem Mann schläft. Wer beim Geschlechtsverkehr nicht zum vaginalen Orgasmus kommt, hat nach Freud einen wichtigen Entwicklungsschritt nicht gemacht und kann allenfalls durch Psychoanalyse nacharbeiten. Marie Bonaparte folgte seinem Rat. Durch die stramme, täglich zweistündige Psychoanalyse wurde sie zu allem Möglichen – zu Freuds »Prinzessin«, wie er sie nannte, zur Übersetzerin seiner Werke ins Französische, zur *Freud-a-dit*, wie sie von ihren französischen Freunden genannt wurde, weil sie mit Psychoanalyse-Zitaten um sich warf, zur Gründerin der Société psychoanalytique de Paris und letztlich zu einer praktizierenden Analytikerin – aber nicht zu einer Sexgöttin, die auf die richtige Art und Weise kommt.

Die Konsequenz à la Bonaparte: Was nicht passt, wird passend gemacht! Die Basis für die Operation, die den Orgasmus optimieren sollte, hatte sie selbst durch eine eher laienwissenschaftliche, aber sehr aufwendige Untersuchung gelegt. Unter dem Pseudonym A. E. Narjani hatte Bonaparte eine Studie veröffentlicht, die erstmals den Zusammenhang zwischen dem Abstand der Klitoris zur Vagina und der Wahrscheinlichkeit eines vaginalen Orgasmus beim Geschlechtsakt herstellte. Dafür hatte Bonaparte in mühevoller Arbeit den Intimbereich von 200 Frauen mit dem Zentimeterband vermessen und sie anschließend über ihr Sexleben befragt. Das Ergebnis: Jede Frau, deren Klitoris 2,5 Zentimeter oder weniger vom Eingang der Vagina entfernt war, konnte durch Penetration der Vagina einen Orgasmus erleben. Frauen, bei denen die Distanz 2,5 Zentimeter überstieg, war das hingegen nicht möglich. Die Operation, die als Halban-Narjani-Eingriff bekannt wurde, verlief allerdings nicht befriedigend. Eine Folgeoperation 1930 auch nicht. Bei einem dritten Eingriff 1931 beschädigte der Chirurg Halban dann versehentlich irreversibel die Klitorisnerven der Patientin. Das Ergebnis ihrer Suche nach dem richtigen Orgasmus war, dass Marie Bonaparte nun gar keinen Orgasmus mehr bekommen konnte.

SCHWULE GANGS

~

Der französische Journalist Daniel Guérin reiste in der Endphase der Weimarer Republik viel durch Deutschland, besuchte Volksfeste, Kneipen und Parteibüros, begleitete kommunistische Stoßtrupps und beobachte, wie sich die SA-Männer an Wein, sentimentalen Volksliedern und Großmannssucht berauschten. Guérin kannte also das Land und seine Bewohner. Und war dennoch verblüfft, als er 1932 in Berlin auf eine ganz besondere Männergruppe stieß. Die Jungs erinnerten ihn an Clochards, sie trugen kurze Hosen, lange Wollwesten, große Rucksäcke und ausgelatschte Wanderstiefel. Aber als Guérin genauer hinsah, entdeckte er Insignien wie Frauenhüte, knallbunte Tücher, riesige Ohrringe und exotische Tattoos. Die Kleidung war mit Regenbogenfarben, mystischen Zahlenkombinationen und den Wörtern »Wild-frei« oder »Räuber« bemalt. Ihr Anführer, »ein großer Junge mit sinnlichen Lippen und mit schwarzer Schminke umrandeten Augen«, stellte sich Guérin als Winnetou vor.

Im Jahr 1932 sollen viele Zehntausend Homosexuelle in Berlin gelebt haben, die während der 1920er-Jahre aus der ganzen Welt in die deutsche Hauptstadt gekommen waren, weil man nirgendwo so frei leben konnte. Auch die »Wild-frei«-Gangs feierten ihre Homosexualität und inszenierten sich als Outlaws. Die Banden gaben sich Namen wie »Blut der Indianer«, »Rote Apachen«, »Piraten des Waldes« oder »Blutiges Gerippe«, woran man eine Vorliebe für Karl-May-Romane erkennen konnte. Ihr wilder Westen war die urbane Wüste des verarmten, rauen Berlins, in dem sie kleinkriminelle Abenteuer erlebten und Sex in ihren Versammlungsräumen hatten, die sich oft in Kellern und verlassenen Lagerhäusern befanden. Die einzigen Möbelstücke dort waren ausgeblichene Couches, die die Jungs »Stoßsofas« nannten.

Die Initiationsriten der Gangs waren grausam. In den Wäldern und an den Seen um Berlin mussten neue Mitglieder mit Messern gegeneinander kämpfen, mussten vor den anderen Gangmitgliedern miteinander Sex haben, bis der Boss, der eine Stoppuhr hatte, »genug« sagte. Oder die Novizen wurden nackt an Baumwipfel gefesselt, während die anderen am Boden, ebenfalls nackt, Phallussymbole schwangen. Die Rituale mündeten meist in einem Saufgelage oder einer

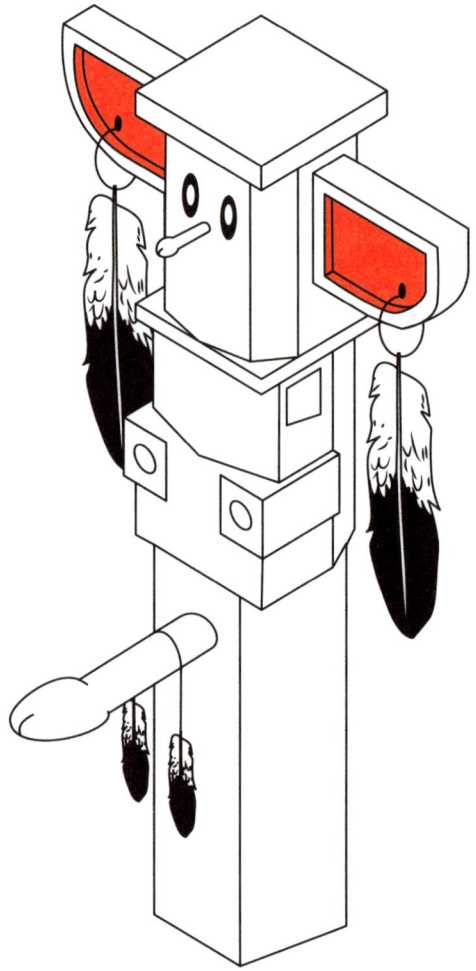

Orgie. Der Beobachter Daniel Guérin erkannte darin und in dem Selbstbild der schwulen Gangs »faschistoide Untertöne«, weil in diesen rein männlichen, nur scheinbar progressiven Communities das Recht des Stärkeren auf ganz neue Art und Weise gefeiert wurde (Bonding bei den Barbaren, S. 40).

Und Guérin sollte zumindest teilweise Recht behalten. Jener »Winnetou«, der ihn 1932 so beeindruckt hatte, war schon zwei Jahre später ein mächtiger SA-Mann.

FILMISCHER HÖHEPUNKT

~

In einem langen weißen Kleid besteigt die junge Frau das Pferd, reitet zu einem nahen See, zieht sich am Ufer nackt aus, springt ins Wasser und schwimmt froh umher. Aber ach, hätte sie ihr Kleid nur nicht über den Pferderücken gelegt. Denn das Tier galoppiert urplötzlich davon. Was nun? Splitternackt versteckt sich die Arme im Gebüsch. Durch Zufall kommt ein junger Ehrenmann vorbei, erkennt die Situation, macht sich auf die Suche nach dem Pferd und bringt tatsächlich das Kleid zurück.

Der österreichisch-tschechoslowakische Liebesfilm *Ekstase* feierte am 20. Januar 1933 in Prag Premiere und sorgte wegen seiner freizügigen Szenen international für Aufsehen. Der Film sei die »größte Schweinerei der Welt«, schimpften Kritiker. Der Papst versuchte persönlich, eine Aufführung in Venedig zu stoppen. Ohne Erfolg. In Deutschland kam der Film unter dem Titel *Symphonie der Liebe* erst 1935 in die Kinos – in einer stark zensierten Fassung.

Die österreichische Schauspielerin Hedwig Eva Maria Kiesler (Hedy Lamarr), die die arme Nackte spielte, war nicht die erste Frau, die sich ohne Kleider auf der Leinwand zeigte. Vermutlich nahmen Papst, Zensoren und Sittenwächter an einer ganz anderen Szene Anstoß. Die nackte Frau hat nämlich Sex mit ihrem Retter – während der Szene wird immer wieder ihr erregtes Gesicht in Nahaufnahme eingeblendet. Hedwig Kiesler spielte den ersten Orgasmus der Filmgeschichte – und zündete sich danach, auch das ist zu sehen, erst einmal eine Zigarette an.

FKK IM DRITTEN REICH

~

Hans Surén, 1885 geboren, Major im Ersten Weltkrieg, war ein rücksichts-voller Mensch. Zwar ging er mehrmals pro Woche nackt joggen, verlegte die Sporteinheit aber in die Nachtstunden, denn man dürfe, meinte er, anderen Men-schen nicht den Anblick eines nackten Körpers aufzwingen: »In abgelegenen Ge-genden aber wird das einsame Nacktwandern wohl von jedem gebilligt werden können«, schrieb Surén in seinem Buch *Mensch und Sonne – Arisch-olympischer Geist*, das in einer überarbeiten Version 1936 erschien und mit 250 000 verkauften Exemplaren zu einem Bestseller in NS-Deutschland wurde. In dem Buch finden sich unzählige Fotos von nackten Frauen und Männern, wobei letztere oft in ho-moerotische Posen abgebildet wurden (Schwule Gangs, S. 145). Auf vielen Seiten ist Surén selbst zu sehen, der seinen braun gebrannten Körper gern mit Pflanzenöl einrieb, angeblich, um sich gegen Kälte zu schützen; vielleicht schätzte er aber auch den Hochglanzeffekt. Auf einer Aufnahme sieht der Autor aus wie die Bron-zestatue eines antiken Athleten, der einen Punchingball bearbeitet. Surén führt Nackt-Gymnastiübungen vor, wirbt für Nackt-Skifahren und feiert den männ-lichen Körper, das »sonnenbraune Glied« und den »blutdurchpulsten Beutel mit den beiden kleinen eiförmigen Hoden«.

Die NS-Zensur hatte keine Probleme mit der schwulen Freikörperideo-logie des Werks. Im Gegenteil. Surén wurde zum »Sonderbevollmächtigten des Reichsbauernführers für Leibeserziehung« ernannt und war somit für die kör-perliche Fitness der deutschen Bauern verantwortlich. Im Vorwort seiner Publika-tion schreibt er: »Das Buch wurde vom Leiter des Rassenpolitischen Amtes der NSDAP stark gefördert und der parteiamtlichen Prüfungskommission zum Schutze des NS-Schrifttums vorgelegt, geprüft und nach seiner Anerkennung in die NS-Bibliografie aufgenommen«. Die SS-Zeitschrift *Das Schwarze Korps* bewarb Suréns FKK-Buch sogar während der Adventszeit auf einer ganzen Seite: »Wir wollen eine starke und freudige Bejahung des Körpergefühls, weil wir dieses brauchen zum Aufbau eines starken und selbstbewussten Geschlechts.« Auch Adolf Hitler (Liebesbriefe an den Führer, S. 149) soll ein begeisterter Leser gewesen sein.

Im Jahr 1933 hatte die Jugend die Macht an sich gerissen, Hitler war 44 Jahr alt, Goebbels 36, Himmler erst 33. Natürlich verfolgten die Nazis Homosexuelle erbarmungslos. Aber den Sex zwischen Mann und Frau wollten sie von kirchlichen Restriktionen und bürgerlichen Hemmungen befreien (und womöglich waren die Deutschen in den 1950er-Jahren auch deshalb so prüde, weil sie es in der Zeit davor mit der Freizügigkeit übertrieben hatten). In *Mensch und Sonne* heißt es: »Das Liebesleben wird niemals und nimmer allein nur an die Ehe gebunden sein. Die freie Geschlechtsliebe ist also in ähnlicher Art anerkannt, wie dies bei den germanischen Vorfahren der Fall war.«

1939 n. Chr.

LIEBESBRIEFE AN DEN FÜHRER

~

Die Nazis verbreiteten die Losung, jede deutsche Frau solle dem Führer ein Kind schenken. Für vier Kinder gab es den Mutterkreuz-Orden dritter Stufe. Friedel S. nahm die Aufforderung ein wenig zu wörtlich, setzte sich am 23. April 1939 an den Schreibtisch und schrieb einen Brief an Adolf Hitler, in dem sie relativ schnell zur Sache kam: »Lieber Führer, eine Frau aus dem Sachsenland möchte gern ein Kind von Ihnen haben. Das ist gewiss ein außergewöhnliches Verlangen, allein der Gedanke, dass gerade Sie keine Kinder haben sollten, lässt mir keine Ruhe, und so liegt als Endprodukt meines Wünschens dieser Brief vor Ihnen.«

Es heißt ja, dass manche Frauen auf Arschlöcher stehen. Im Dritten Reich bemühten sich viele Damen, dieses Klischee zu bestätigen. Hunderte oder sogar Tausende von Liebesbriefen an Hitler gingen in der Reichskanzlei ein. Dass der Führer mit seinen schwarzen Haaren, den schmalen Schultern und gerade einmal 1,75 Meter Körpergröße nicht dem gültigen Modeideal des arischen Kriegers entsprach, störte sie offenbar nicht. Eine Briefschreiberin lobte stattdessen den »gutmütigen Blick« des Führers. Eine andere Bewunderin schwärmte: »Deine eleganten langen Hosen sind mir eine Augenweide.« Die Frauen sprachen Hitler nicht mit Gröfaz oder einem seiner anderen Fantasietitel an, sondern nannten ihn »heißgeliebtes Herzelchen«, »Adilie« und »süßes Luderchen«.

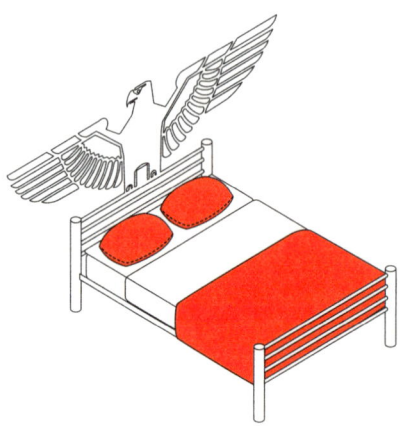

Der kleine Österreicher mit der großen Macht löste sexuelle Sehnsüchte aus. Die Frauen schickten Hausschlüssel oder beschrieben exakt, in welchem Zimmer sie Hitler besuchen könne: »Hab ein bisschen Mitleid und tröste mich ein wenig.« Ein besonders vernarrtes Groupie flehte: »Du süßestes herzensbestes Lieb, mein Einziges, mein Allerbester, mein trautest und heißest Geliebtes. Weißt Du, heute könnte ich Dir gar nicht genug Namen geben, heute möchte ich Dich vor lauter Lieb' auffressen.« Eine Volksgenossin zieht sich und den Führer sogar im Geiste aus: »Ich küsse Dich auf Deine 4 Buchstaben und tue Front frei, damit Du fühlst, wie lieb ich Dich hab.«

Nach allem, was man weiß, wurde keiner der Briefe von Hitler beantwortet. Allerdings wurden einige der Frauen, die dem Führer allzu oft und drängend ihre Gefühlswelt offenbart hatten, den zuständigen Behörden gemeldet und in »Heilanstalten« eingewiesen. Friedel S. blieb dieses Schicksal vermutlich erspart. In ihrem Brief aus dem Jahr 1939 beschäftigte sie sich schon mit einer möglichen Abfuhr. Hatte der Führer, fragte sie sich, womöglich gar keine Zeit für ein Kind? Oder fühlte er sich zu alt für die Aufgaben eines Vaters? Im Gegensatz zu anderen Herrschern und Unholden der Geschichte (Der Kaiser des Cunnilingus, S. 46) oder seinen eigenen Vasallen sind von Hitler keine sexuellen Ausschweifungen überliefert. Vielleicht hatte er auch genügend mit der Planung des Weltkriegs zu tun, der fünf Monate später losbrechen sollte oder sublimierte seinen Sexualtrieb durch die V2-Rakete. Schon 1934 hatte Hitler vor dem Reichstag als Rechtfertigung für sein Junggesellendasein gesagt: »Meine Geliebte ist Deutschland.«

WONDER WOMAN UND DER
SM-KINDERGARTEN

~

Zauberlasso, Adler-Bustier und ein Badehöschen in den Farben der amerikanischen Flagge – so präsentierte sich Wonder Woman im Dezember 1941 in den *All Star Comics #8* der Welt. Aufgrund des großen Erfolgs wurde der Figur bald darauf eine eigene Heftserie gewidmet. Nur Superman und Batman haben eine längere Geschichte. Aber wer war Wonder Woman wirklich? Erfunden hatte die vollbusige Amazone mit dem Hintern von Beyoncé, die eine seltsame Leidenschaft für Fesselspiele pflegt, der Harvard-Psychologe William Moulton Marston, der auch als Erfinder des Lügendetektors gilt.

Marston kämpfte nicht nur für mehr Ehrlichkeit, sondern auch für besseren Sex und, damit eng zusammenhängend, für eine bessere Gesellschaft. »Um es klar zu sagen«, schrieb Marston im Vorwort der ersten Comicausgabe, »Wonder Woman ist psychologische Propaganda für einen neuen Frauentyp, der meiner Ansicht nach die Welt regieren sollte«. Der Psychologe war der festen Überzeugung, dass nur die »friedvolle Unterwerfung« der Männer »unter eine liebende Macht« große Menschheitsprobleme wie Krieg und Ungleichheit lösen könne. Endziel, unumwunden: das Matriarchat (Marco Polo und die Promiskuität, S. 79). »Gebt den Männern eine Frau, stärker als sie, der Unterwerfung würdig, und sie werden stolz sein, ihr als willige Sklaven zu dienen«, schrieb er.

Weil Marston aber wusste, dass die meisten seiner Geschlechtsgenossen mental noch nicht so weit waren, arbeitete er an der Entwicklung eines Sex-Love-Trainings, das vor allem mit Dominanz- und Unterwerfungsspielen arbeitete. Comics betrachtete Marston ganz pragmatisch als geeignetes Medium, um seine Lehre im Kindergarten zu verbreiten und Kinder möglichst früh zu prägen. Er wollte den Mädchen eine feministische Heldin anbieten, die »Macht, Kraft und Stärke« ausdrückt und gleichzeitig »zärtlich, unterwürfig und friedvoll« ist. Auf 27 Prozent aller Wonder-Woman-Bilder, die von der ersten Ausgabe bis zu Marstons Tod im Jahr 1947 erschienen, ist die Kämpferin für das Gute deshalb selbst gefesselt, fesselt andere, lässt sich den Hintern versohlen oder legt ihre

Widersacher übers Knie. Marston testete seine revolutionäre Theorie in der Praxis und unterhielt ein entsprechendes BDSM-Arrangement mit zwei Frauen, mit denen er je zwei Kinder hatte: Neben seiner Ehegattin Elizabeth Holloway, einer burschikosen Suffragette, die auf der Isle of Man aufgewachsen war und als Vorlage für die SM-Superheldin diente, liebte Marston auch seine Ex-Studentin Olive Byrne, eine elegante Frau, die sich gern mit Amuletten und Stirnbändern schmückte, wie sie Wonder Woman ebenfalls trägt. Die beiden Frauen waren noch vierzig Jahre nach Marstons Tod ein Paar.

Wonder Woman dagegen wechselte die Fronten. Lange Zeit waren die BDSM-Referenzen in den Comics nicht weiter aufgefallen – ihr »Lasso der Wahrheit« galt als Symbol für Marstons Lügendetektor. In den frühen 1950er-Jahren wurden die Sittenwächter jedoch langsam misstrauisch. 1954 erscheint das Traktat *Seduction of the Innocent*, in dem der Psychologe Fredric Wertham Wonder Woman als Gegenstück zum »homosexuellen und pädophilen Batman« beschrieb: »schlichtweg lesbisch« und getrieben von »extrem sadistischem Männerhass«. Die amerikanische Comicindustrie reagierte auf Werthams Bestseller mit dem berühmten Comics Code und einer freiwilligen Selbstzensur.

Wonder Woman interessierte sich plötzlich für Shopping und träumte heimlich von einer Hochzeit mit ihrem männlichen Widersacher Steve Trevor.

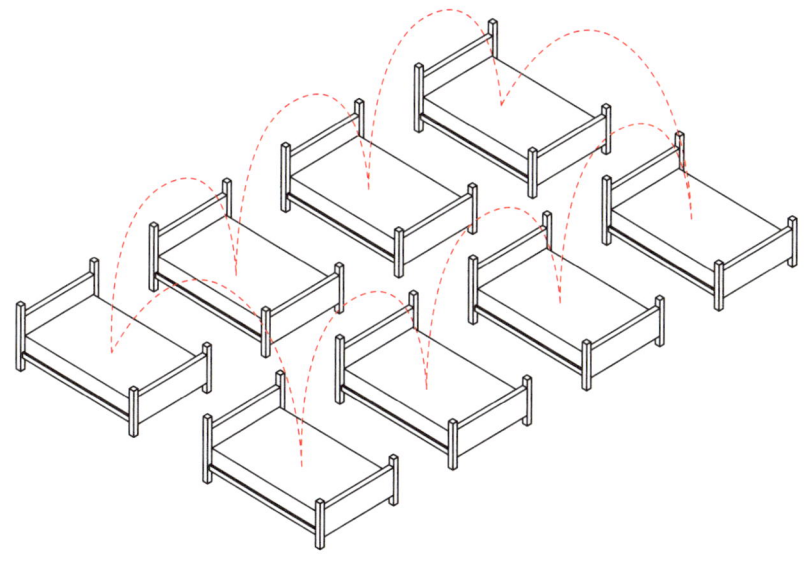

AMERIKANISCHE SOLDATEN GRÜNDEN EINEN SWINGERCLUB

~

Eine Wohnzimmerparty in den 1940er-Jahren. Drinks wurden serviert, auf dem Plattenspieler drehte sich eine Jazzplatte, aber niemand hörte wirklich hin. Auch die Gespräche kamen nicht recht in Gang. Immer wieder blickten die Partygäste auf einen Hut, der wie zufällig auf dem Couchtisch im Wohnzimmer lag. Dann endlich trat eine Frau an den Tisch. Ohne hinzusehen, griff sie in den Hut, fischte einen Schlüssel heraus und zeigte ihn der Runde. Ein Mann meldete sich, denn er hatte seinen Wohnungsschlüssel erkannt. Die Frau nahm den Arm des Mannes, und die beiden verließen das Fest. Eine Frau nach der anderen zog nun ihr Los. Das Schlüsselroulette wies ihnen einen Partner zu, einen Lover für eine Nacht.

Die Geschichte spielte sich nicht im Hippie-Kalifornien oder im ultra-liberal-intellektuellen Paris der 1970er-Jahre ab, sondern auf einem Stützpunkt der amerikanischen Air-Force-Piloten, kurz nachdem die USA 1941 in den Zweiten Weltkrieg eingetreten waren. Der Swingerclub ist eine Erfindung des Militärs. Zwar bekannte sich kein Pilot offen zum Swinger-Lifestyle, weil dies vermutlich zu disziplinarischen Maßnahmen geführt hätte. Im vertraulichen Gespräch mit Wissenschaftlern erzählten die Offiziere jedoch immer wieder von sogenannten Key-Club-Partys, auf denen die Sozialstruktur der Kaserne für eine Nacht durcheinandergewürfelt wurde. Nach dem Krieg erstellte ein Air-Force- und Key-Club-Veteran, Mr. Leidy, der als Handelsvertreter durch die USA reiste, eine Liste mit Namen von Swingern, die er in den verschiedenen Städten getroffen hatte. Die *Leidy List* war so etwas wie die erste Swinger-Community, später kamen Magazine voller Annoncen und noch später Internetforen dazu. Immer ging es um die Frage: Gibt es da draußen Menschen, die ähnlich fühlen wie ich?

Im Zweiten Weltkrieg war die Air Force eine Elitetruppe. Es verwundert im ersten Moment, dass ausgerechnet die Piloten und Alphatiere, die als Sexsymbole ihrer Zeit galten – stark, männlich, verwegen –, ihre Frauen nicht eifersüchtig bewachten, sondern Partnertausch-Partys veranstalteten. Lag es daran, dass sich die Piloten als verschworene Gemeinschaft verstanden? Auch der Arbeitsplatz der Piloten könnte eine Rolle gespielt haben: Die Air Force war im Zweiten Weltkrieg auch im Pazifik aktiv (Sexualkunde-Unterricht in der Südsee, S. 117), weshalb die Soldaten mit Kulturen in Kontakt kamen, in denen eine liberalere Sexualmoral herrschte. Und dann war da noch die Angst vor dem Tod. Nur zwei Drittel aller amerikanischen Kampfflieger überlebten den Zweiten Weltkrieg, in keiner anderen Einheit der US-Streitkräfte waren die Verluste auch nur annähernd so hoch. Die Soldaten wollten ihre Lebenszeit möglichst gut nutzen.

Und vielleicht ist es ganz einfach so: Warum sollte sich jemand, der in einer Maschine mit 700 Stundenkilometern und in 12 000 Meter Höhe durch die Luft rast, an die Konventionen, Gesetze und Beschränkungen der Erdenbewohner halten?

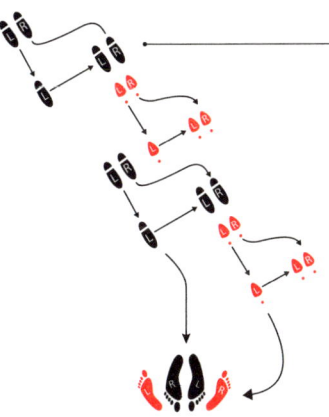

DIE DEUTSCHEN ENTDECKEN DAS PETTING

~

»Begleitet ein amerikanischer Student ein junges Mädchen nach Hause, so verabschiedet er sich unter der Haustür. Es gehört sich, dass man es mit einem Kuss tut, auch wenn man zum ersten Mal zusammen aus war.« Im November 1948 berichtete das Nachrichtenmagazin *Der Spiegel* schockiert über die lockeren Sitten in den Vereinigten Staaten, die nach dem Sieg im Zweiten Weltkrieg die deutsche Gesellschaft entnazifizierten und auch sonst kräftig umbauten. Nicht immer ohne Widerstand.

Die Kuss-Kultur, schimpfte der *Spiegel*-Autor, sei schlimm genug, noch dramatischer sei aber, dass sich unverheiratete Menschen ohne Hemmungen an die Wäsche gingen: »Bei den abendlichen Spazierfahrten der jungen Leute gehört Petting folgerichtig dazu.« Die Tatsache, dass innerhalb von drei Jahren mehr als 25 000 US-Soldaten deutsche, französische und schweizerische Frauen geheiratet hatten, konnte sich der Autor nur dadurch erklären, dass sie vor der totalen Freizügigkeit in ihrer Heimat flohen und Asyl in den Armen anständiger Mädchen suchten.

Mit einer Mischung aus Angstlust und moralischem Überlegenheitsgefühl berichteten deutsche Journalisten über das Petting-Phänomen. Schon die Übersetzung des Begriffs bereitete einige Schwierigkeiten. Die Zeitschrift *Psyche* definierte Petting als »fremdgeschlechtliche Berührung ohne Coitus bis zur Höchsterregung«. Das Fachmagazin *Pro medico* schrieb vom »sexuellen Reizspiel ohne letzte Konsequenz«. Noch komplizierter machte es sich der deutsche Übersetzer der berühmten Sexstudie *Kinsey-Report*, der in einer Fußnote bemerkte, dass Petting ein Verhalten sei, das »bewusst und von vornherein beabsichtigt auf die Erzeugung sexueller Erregung abzielt und deren Einleitung weniger von einer schon bestehenden, gegenseitigen erotischen Anziehung als von der beiderseitigen Absicht ausgeht, eine noch nicht vorhandene Erregung technisch zu erzeugen«.

Petting stand für die Kommentatoren für Oberflächlichkeit und Freizügigkeit und hatte nichts mit echter Liebe zu tun, die nur zwischen verheirateten Partnern möglich sei. Der *Merkur* nannte Petting deshalb herablassend »eine Art von gegenseitiger Masturbation«, die ganz sicher keine tiefere Befriedigung verschaffen könne. Das Magazin *Wochenend* schrieb von der »Giftblüte einer vergötzten Sexualität«. Selbst die liberale *Süddeutsche Zeitung* berichtet aufgeregt von »mechanisierten Necking- und Petting-Spielen«, mit denen sich die amerikanische Jugend die Langeweile vertreibe. Es sei kein Wunder, dass sich diese Unkultur in den Vereinigten Staaten von Amerika ausgebreitet habe, die weder Geschichte noch Kultur haben. Die *Süddeutsche Zeitung* war sich sicher: In einem hochzivilisierten Land wie Deutschland werde sich so etwas Schreckliches wie Petting niemals durchsetzen.

1951 n. Chr.

DIE MUTTER DER PILLE

~

Der männliche Geltungstrieb ist oft recht anstrengend – manchmal aber wird die Welt dadurch doch zu einem besseren Ort. »Ich habe immer nach Bestätigung gesucht. Ich denke immer, das Glas ist halb leer, und sorge mich, was andere über mich denken.« So beschrieb der Chemiker Carl Djerassi in einem Interview einmal die Motivation seiner Forschungsarbeit. Während der vielen Nachtschichten im Labor suchte er neben neuen Erkenntnissen auch Lob, Bewunderung, anerkennendes Schulterklopfen. All das sollte er bekommen.

Am 15. Oktober 1951 gelang es Djerassi, damals 27 Jahre alt, zusammen mit Gregory Pincus und John Rock in einer kleinen Chemieküche in Mexico City das

Steroidhormon Norethisteron künstlich herzustellen. Die Pharmafirma Syntex hatte den Stoff als Medikament gegen Menstruationsbeschwerden vermarkten wollen. In den folgenden Jahren zeigte sich jedoch, dass Norethisteron in der richtigen Dosierung dem weiblichen Körper eine Schwangerschaft vorgaukelt und so den Eisprung verhindert. Unter dem Namen Enovid kam 1960 die erste Antibabypille der Welt heraus.

Für seine Entdeckung wurde Carl Djerassi gleich dreifach belohnt. Er war vermutlich der berühmteste Chemiker seiner Zeit. Auch wenn es ihn ärgerte, dass ihm der Nobelpreis verwehrt wurde und er nur 27 Ehrendoktorhüte bekam: »Es spielt keine Rolle, ob es 27 oder 30 sind. Die Frage ist: Von wem habe ich noch keinen bekommen?« Die Pille machte ihn außerdem zum Multimillionär: Er hatte rechtzeitig Anteile des Syntex-Konzerns erworben, der dank der Pille gigantische Profite erwirtschaftete. Und dann wäre da noch der erotische Gewinn: »Ich muss zugeben, dass die sexuelle Revolution, die ohne die Pille undenkbar gewesen wäre, auch für mich persönlich sehr wichtig war. Ich habe in San Francisco gelebt, das vielleicht das aggressivste Zentrum dieser Revolution war. (…) Ich bin und war mein ganzes Leben lang eine sehr sexuelle Person – trotzdem bin ich ein feministischer Mann.«

Vehement verteidigte Djerassi seine Erfindung gegen Kritiker, die in der Pille eine Manipulation am weiblichen Körper sahen, die nur Pharmaindustrie und Patriarchat nutzten. Die Pille, schrieb er, »hat zum ersten Mal die Machtverhältnisse verändert: Seit jeher besaß der Mann die reproduktive Macht und das, obwohl seine Rolle bei der Fortpflanzung eher unwesentlich ist. Nun kann die Frau die Folgen des Geschlechtsverkehrs kontrollieren.«

Es hatte einen Grund, warum Djerassi im Labor für die Rechte der Frauen kämpfte. Er wurde 1923 in Wien als Sohn jüdischer Eltern geboren, die sich bald trennten. Der kleine Carl wuchs in einem reinen Frauenhaushalt auf. Weil in der Jungenschule kein Platz mehr war, besuchte er zunächst eine Mädchenschule. 1938 floh er mit seiner Mutter vor den Nazis in die USA. Er sei immer viel lieber in der Gesellschaft von Frauen gewesen, erinnerte sich Djerassi, der sich auch gern »Mutter der Pille« nannte. Weil er es problematisch fand, dass sich nur seine Ehefrau um die Verhütung kümmerte, ließ er sich kurz nach der Geburt seines zweiten Kindes sterilisieren.

BROT UND SEXSPIELE

~

Am 17. Juni 1953 demonstrierten Hunderttausende Menschen in der ganzen DDR gegen die Erhöhung der Arbeitsnormen um zehn Prozent und den repressiven Staatsapparat. 20000 Sowjetsoldaten brachten den Volksaufstand unter Kontrolle. Mindestens 55 Menschen kamen ums Leben. Um die angespannte Lage zu befrieden, beschloss die SED-Führung wenig später eine Reihe von Maßnahmen, die das Alltagsleben im Kommunismus für die Bevölkerung attraktiver machen sollte. Ein zentraler Punkt: Die Überarbeitung des Medienportfolios, mit dem die Bevölkerung indoktriniert wurde. Neben dem *Neuen Deutschland*, das die Beschlüsse der Regierung in nüchterner Sprache verbreitete, sollten den Lesern mehr Unterhaltung, Humor und Erotik geboten werden. Nach einer Unterredung mit Wladimir Semjonowitsch Semjonow, dem obersten Sowjetkommissar in der DDR, entwickelten einige Redakteure die Kulturzeitschrift *Das Magazin*, in dem sich neben Texten von Christa Wolf und Arnold Zweig auch erotische Geschichten, explizite Illustrationen und die rosa unterlegte Seite mit dem Titel »Liebe, Phantasie und Kochkunst« fanden, auf der aphrodisierende Rezepte vorgestellt wurden (»Basilikum wirft Jungfrauen um«). Außerdem gab es in dem Magazin eine regelmäßig erscheinende Rubrik für Aktfotografie – viele Jahre vor dem *Bild*-Girl.

In der ersten Ausgabe von Januar 1954 versteckte sich das Modell noch verschämt hinter einer geriffelten Glasscheibe. Mit der Zeit wurden die Posen und Motive immer expliziter. Als *Das Magazin* 1959 eine nackte Frau mit gespreizten Beinen abbildete, die wirklich alles zeigte, zog man im benachbarten Ausland, in dem *Das Magazin* auch erhältlich war, die Notbremse. Das österreichische Innenministerium verbot den Verkauf der Ausgabe an Minderjährige, da »die provozierende Stellung der Beine« die Gefahr der »Reizung der Lüsternheit« berge. Im bürgerlichen Westen ein Skandal, im sozialistischen Osten nichts Neues. Ein kleiner, heißer Punktsieg im Kalten Krieg.

JACQUES LACAN KAUFT
SICH EIN BILD

~

Eine Kunstauktion im Paris des Jahres 1955. Im Publikum saßen der Psychoanalytiker Jacques Lacan und der Schriftsteller und Soziologe Georges Bataille. Die beiden Männer kannten sich gut, Lacans Ehefrau Sylvia war schließlich zuvor mit Bataille verheiratet gewesen. Und noch eine zweite Leidenschaft verband die beiden Großintellektuellen: die Auseinandersetzung mit dem Thema Sexualität. Bataille schrieb und sprach am liebsten über das Gegenteil von Alltag und Vernunft: Gewalt, Obszönität, Selbstauflösung. Er machte den Psychoanalytiker Lacan, der im Nachkriegsfrankreich als Superstar galt, deshalb darauf aufmerksam, dass an jenem Tag ein Bild zum Verkauf stand, das er sich nicht entgehen lassen konnte: *L'Origine du monde* von Gustave Courbet.

Der französische Realist fertigte das Bild im Jahr 1866 als Auftragsarbeit für den türkischen Diplomaten Khalil Bey – und löste den größten Kunstskandal des 19. Jahrhunderts aus. Eine nackte Frau liegt auf einem Bett, ihre Beine sind leicht gespreizt, unter dem dichten, schwarzen Schamhaar sieht man – rot und offen – die Vulva. Das Gesicht und der Rest des Körpers sind, mit Ausnahme des Bauches und einer Brust, nicht abgebildet. Ein weißes Leintuch, das den Oberkörper nur halb verdeckt, erinnert gleichermaßen an einen Seziertisch in der Pathologie wie an ein aufgewühltes Bett nach dem Sexualakt. Courbets Zeitgenossen waren entsetzt. Sogar ein warnendes Spottgedicht war in Umlauf: »Es ist etwas, was Dich vor der Zeit beugt, / Dein Haar ergrauen lässt, / Es ist etwas, das Deine Zähne ausfallen lässt. (…) Alle rings umher huldigen ihm, / alle verbeugen sich, so tief es geht, / leider, zu unserer tiefen Scham. / Es ist etwas, das die Welt am Laufen hält.«

Lacan, der sich professionell mit dem Begehren, der Scham und der Angst beschäftigte, kaufte das Gemälde für 1,5 Millionen Francs und hängte es in seinem Landhaus in Guitrancourt auf.

Das knapp 100 Jahre alte Bild wirkte fast wie eine Illustration von Lacans psychoanalytischer Theorie. Der Mensch, betonte er oft, könne seine eigenen Triebe und Wünsche selbst gar nicht wirklich verstehen. Diese Unmöglichkeit der

Selbsterkenntnis erlebt der Betrachter von Courbets Bild am eigenen Leib, wenn er aus unterschiedlichsten Gründen einen roten Kopf bekommt: wie krass, wie geil, wie krank. Die nackte Frau hat einen leicht gewölbten Bauch und ist vermutlich werdende Mutter. Kein Mensch erinnert sich an seine eigene Geburt; und auch das von der Psychoanalyse behauptete sexuelle Begehren nach der eigenen Mutter wird lieber verdrängt. Der Ursprung seiner subjektiven Welt ist der »blinde Fleck« eines jeden Menschen.

Jacques Lacan und seine Frau Sylvia waren sich allerdings einig, dass sie ihren Courbet nicht jedem Besucher und vor allem nicht dem Personal zumuten können. Der Analytiker bat deshalb seinen Schwager, den surrealistischen Maler André Masson, ein »Deckbild« für *L'Origine du monde* zu schaffen. Masson malte eine Landschaft, einen Hügel mit Wäldchen, die den Formen der Frau nachempfunden war. Lacan liebte es, ausgewählte Gäste vor das Gemälde zu führen. Dann sagte er: »Jetzt zeige ich ihnen etwas Außergewöhnliches!«, versenkte über einen Klappmechanismus das Landschaftsgemälde im Rahmen und erfreute sich an der schockierten Reaktion seines Gastes. Die Enthüllung dauerte aber nie sonderlich lang. Lacan schrieb: »Die Abdeckung, der Vorhang ist immer noch die beste Möglichkeit, uns in die Lage zu versetzen, die fundamentale Situation der Liebe zu imaginieren.«

DAS ERSTE MAL MIT EINEM ALIEN

~

Männer sind bekannt dafür, dass sie Bettgeschichten erfinden und gern mit eigenen sexuellen Leistungen oder dem außergewöhnlichen Look der Partnerin angeben. An den brasilianischen Bauer Antônio Vilas Boas kommt in dieser Hinsicht jedoch niemand heran: Im Jahre 1957 behauptete der damals 23-Jährige, er sei von Aliens entführt und zum Sex gezwungen worden. Eine solche Bettgeschichte war vor ihm noch keinem anderen Menschen eingefallen.

Um der Tageshitze im Bundesstaat Minas Gerais zu entgehen, arbeitete Boas am liebsten nachts auf dem Feld. So auch am 16. Oktober 1957. Während er den Acker pflügte, erzählte Boas später, sei ihm ein roter Stern am Himmel aufgefallen, der immer näher kam. Wenig später landete ein Ufo auf dem Acker, drei 1,50 Meter große Außerirdische in grauen Overalls sprangen heraus und zerrten Boas in ihr Flugobjekt. Dort zogen ihn die Aliens aus und rieben ihn mit einer Paste ein, die auf den jungen Bauern anregend gewirkt haben muss. Denn wenig später fand er sich schon in inniger Umarmung mit einem Alien-Weibchen. Die Unbekannte hatte wasserstoffblonde Haare, ein auffallend spitzes Kinn, blaue Katzenaugen und grellrote Schamhaare – Vilas Boas erzählte später, er habe sie sehr attraktiv gefunden. Nachdem der Akt vollzogen war, zeigte die Frau auf ihren Bauch und dann nach oben. Vilas Boas deutete die Gesten dahingehend, dass sie ihm signalisieren wollte, dass sie ein Kind von ihm erwarte und es im All aufziehen werde. Dann hob das Ufo ab und verschwand im schwarzen Nachthimmel.

Im Jahr 1957 schienen die Sterne zum Greifen nah. Die UdSSR schoss mit der Hündin Laika das erste Säugetier in die Erdumlaufbahn, und in den USA entstand durch viele Ufo-Sichtungen eine regelrechte Hysterie (erst 2014 gab die CIA zu, dass diese auf Testflüge des Militärs zurückzuführen waren). Die meisten Menschen blickten optimistisch und neugierig in die Zukunft. Erste Entwürfe für Kolonien auf dem Mond und auf dem Mars tauchten in Magazinen auf. Während Hollywood mit Schockern wie *Fliegende Untertassen greifen an* (1956), *Die Bestie aus dem Weltenraum* (1957) und *Blob – Schrecken ohne Namen* (1958) ein neues Filmfeindbild schuf, erweiterten Pioniere wie Vilas Boas ihren sexuellen Horizont über die Grenzen des Sonnensystems hinaus – *Make Love, Not Star Wars*.

Antônio Vilas Boas fühlte sich nach seiner Befreiung aber doch ein wenig benutzt und erzählte seine Geschichte deshalb einem Lokalreporter. »Ich war wütend«, sagte Boas. »Einige der Geräusche, die die Frau gemacht hatte, klangen nämlich, als hätte ich mich mit einem Tier gepaart.« Antônio Vilas Boas hielt lebenslang daran fest, dass sich seine kosmische Bettgeschichte so zugetragen hat. Weil die Frau mit den blauen Katzenaugen und roten Schamhaaren nie zurückkehrte, heiratete er eine irdische Frau und zeugte vier weitere Kinder.

SEXREVOLUTION IN FLENSBURG

~

Am 17. Dezember 1962, es war ein Montag, öffnete in der Angelburger Straße 58 in Flensburg ein ganz besonderer Laden seine Türen. Über dem Schaufenster hing ein Schild mit der Aufschrift »Fachgeschäft für Ehehygiene«. Mit diesem Begriff wussten die Flensburger, die schwer bepackt mit Weihnachtseinkäufen die Straße entlanghasteten, nicht viel anzufangen. Wer doch neugierig war und hineintrat, entdeckte den tatsächlich ersten Sexshop der Welt. Der Laden bestand aus drei Abteilungen: Neben einer Buchhandlung mit 200 Titeln Aufklärungsliteratur gab es ein Fachgeschäft für sogenannte »Hygiene-Artikel« und einen Raum, in dem man sich von Mitarbeitern persönlich und diskret beraten lassen konnte. Das Sortiment des Ladens umfasste Pornohefte, Sexratgeber, verschiedene Verhütungsmittel und Stimulationsartikel wie Vibratoren oder Dildos.

Gründerin Beate Uhse wurde 1919 geboren, entstammte dem ostpreußischen Landadel und ging einige Jahre auf die schon damals berühmte, reformpädagogische Odenwaldschule. In den 1930er-Jahren machte sie den Pilotenschein und arbeitete als Stuntfrau für die UFA. Während des Zweiten Weltkriegs überführte sie Kampfflugzeuge von Berlin an die Westfront, trug den Rang eines Hauptmanns und geriet 1945 in britische Gefangenschaft. Später kämpfte Uhse nicht mehr gegen die Alliierten, sondern gegen die Spießigkeit ihrer Landsleute.

Im Jahr 1946 brachte sie ein Faltblatt über die natürliche Empfängnisverhütungsmethode nach Knaus-Ogino heraus. Dabei ging es darum, den Menstruationszyklus zu protokollieren und so die fruchtbaren Tage zu errechnen, an denen man Sex vermeiden sollte. Uhse verkaufte 30 000 Exemplare für je 50 Pfennig. 1951 gründete sie einen erotischen Versandhandel, der so erfolgreich war, dass sie zehn Jahre später beschloss, in den stationären Handel einzusteigen. Alle ihre Mitarbeiter und auch ihr Ehemann und Geschäftspartner Ernst-Walter Rotermund rieten davon ab. Es gab die Angst, dass empörte Bürger den Laden verwüsten könnten. Beate Uhse sagte: »Ich mache auf, wenn die Leute friedlich sind – kurz vor Weihnachten.«

Tatsächlich blieb die befürchtete Randale aus. Zur Eröffnung hatte Uhse unter anderem Nachbarn, die Beamten des Stadtbauamts und Vertreter der Industrie- und Handelskammer eingeladen. Niemand kam. Auch die Presse ignorierte den Termin.

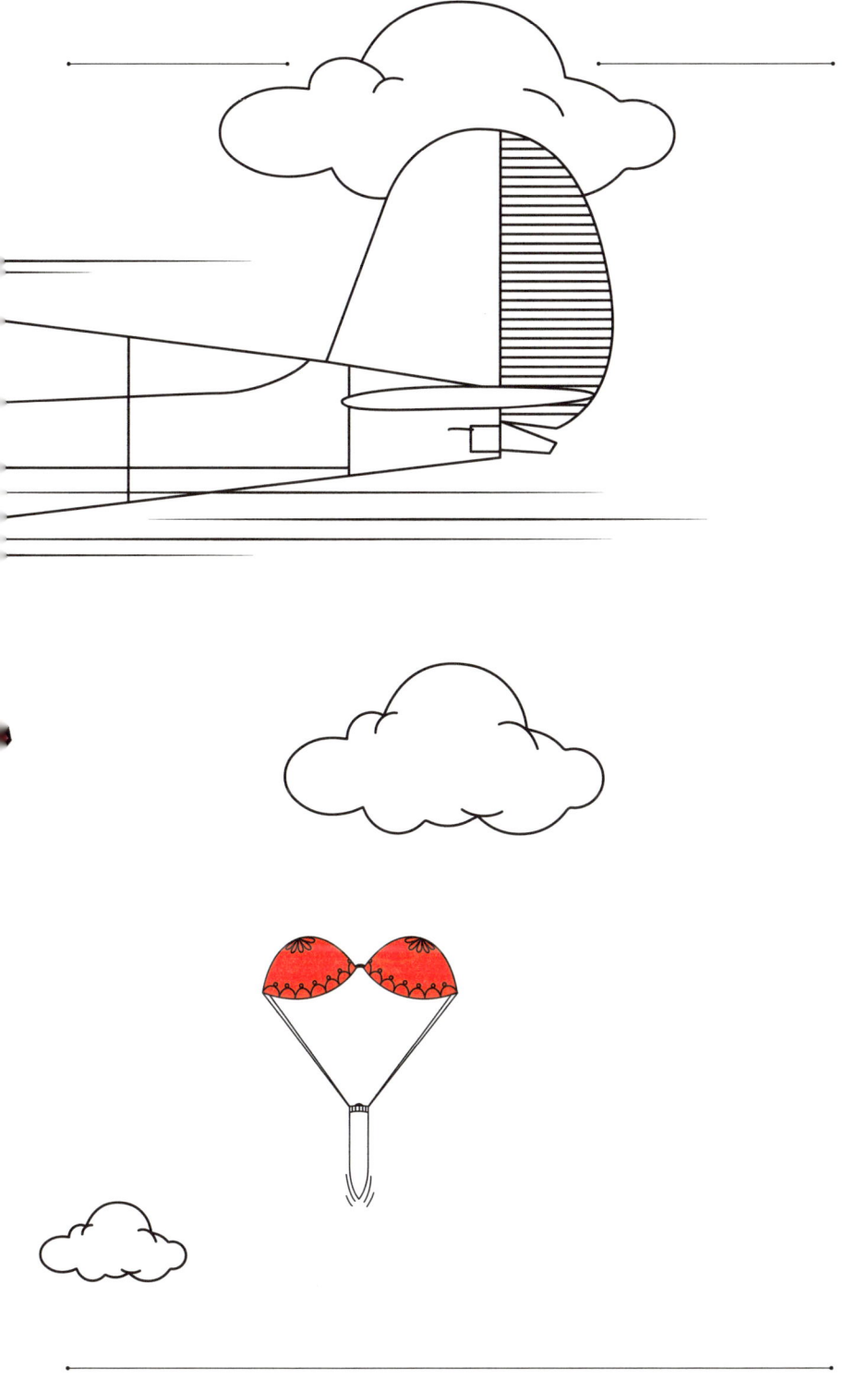

Aber der Laden war schon im ersten Jahr profitabel. Ende der 1970er-Jahre umfasste ihr Seximperium bereits 36 Shops und 13 Kinos, der Umsatz lag bei über 70 Millionen D-Mark. Die roten Neonbuchstaben »Beate Uhse« gehörten zur Fußgängerzonenausstattung der BRD wie die Karstadt-Filialen und die ersten Fast-Food-Restaurants. 1989 erhielt sie das Bundesverdienstkreuz am Bande. Aber Beate Uhse hatte sich nie darum geschert, was ihre Mitbürger von ihr und ihrer Branche hielten. Als sich der Flensburger Tennisclub weigerte, sie als Mitglied aufzunehmen, baute sich Uhse einen eigenen Tennisplatz vor das Haus.

1965 n. Chr.

RAINER LANGHANS WIRD ENTJUNGFERT

~

Als junger Mann litt Rainer Langhans an Minderwertigkeitskomplexen und Größenwahn. Und der Tatsache, dass er Jungfrau war. In den späten 1960ern waren fast alle deutschen Männer auf Langhans neidisch, den Typ mit den wilden Locken, der sich gern gemeinsam mit seiner wunderschönen Freundin Uschi Obermaier nackt und kiffend im Bett ablichten ließ. Viel zu lang aber kannte er sich mit dem »Lustprinzip« und der gesellschaftlichen »Triebstruktur« nur theoretisch aus. In seiner Autobiografie *Ich bin's – die ersten 68 Jahre* schreibt Langhans: »Was Sexualität angeht, stellte ich mir vor, dass ich mich sorgfältig und ernsthaft damit beschäftigen müsste. (…) Ich musste mich erst mal lange mit einer Frau unterhalten. Über Schwierigkeiten, die man vielleicht hatte, um herauszufinden, ob man sich überhaupt verständigen konnte.«

Langhans war bereits 25 Jahre alt, als er Birgit traf, eine schöne Frau mit kurzen Haaren. Birgit war bereit, mit Rainer über alles zu reden. Birgit wusste aber auch, dass man nicht jedes Gefühl und jeden Gedanken mit Worten allein ausdrücken kann. Und an diesen Tag im Jahre 1965 erinnert sich Langhans genau. »Komm, sagte sie zu mir. Jetzt muss es sein. Ich zeige dir das.« Birgit zog Rainer in ihr winziges Zimmer im Dachgeschoss einer WG, unter den Dachbalken stand ein kleines Bett. »Dort passierte es. Sie hat es sehr schön, sehr zärtlich, sehr behutsam mit mir gemacht. Mein erstes Mal«, notiert Langhans stolz. Mit seiner Lehrmeisterin zog er später sogar zusammen und machte eine Liebesreise nach Italien. Das Ende seiner ersten Beziehung traf Rainer Langhans völlig unerwartet. Als Birgit ihre Sachen packte, bat er sie auf Knien, noch einmal mit ihm zu schlafen. Birgit gab nach. Langhans schreibt: »Sie hat es dann ziemlich widerwillig, oder sagen wir mal mitleidig, ein letztes Mal geschehen lassen. Ich hatte den einzigen richtigen Orgasmus meines Lebens und konnte nicht mehr sprechen, nur noch lallen. Ich konnte nicht mal mehr sagen: Bleib doch. Denn ich war wie bewusstlos und habe sie kaum mehr wahrgenommen. Dann ging sie.«

Könnte es sein, dass Rainer Langhans in seinem ganzen weiteren Leben nur die Leere füllen wollte, die Birgit hinterlassen hatte? Zwei Jahre später gründete er die Kommune I, in der jeder mit jedem Sex haben durfte beziehungsweise musste, wenn er nicht zum Establishment gehören wollte. Heute lebt Rainer Langhans in München-Schwabing in einem von ihm selbst so benannten Harem mit vier gleichaltrigen Gefährtinnen.

1969 n. Chr.

NEUE VERKEHRSREGELN FÜR DIE DDR

~

1969 erschien in der DDR ein Buch, das den Verkehr im Sozialismus neu regeln sollte: *Mann und Frau intim. Fragen des gesunden und des gestörten Geschlechtslebens.* Die sachliche Unterzeile führt ein wenig in die Irre, denn das Traktat war alles andere als dröge. Auf 300 Seiten brachte Siegfried Schnabl, klinischer Psychologe und Leiter der Ehe- und Sexualberatungsstelle in Karl-Marx-Stadt, Dinge zur Sprache, über die man im Westen höchstens in der Kommune I (Rainer Langhans wird entjungfert, S. 166) offen zu reden wagte: Masturbation, Homosexualität – kein Problem! – und »Sex ohne Liebe«. Dazu gab es ein Kompendium der besten Koituspositionen mit Text- und Bildanleitung (in den ersten Ausgaben handelte es sich allerdings um zahmen Strichmännchensex). Schnabls Manuskript war zuvor von mehreren Verlagen abgelehnt worden. Als das Buch dann endlich erschien, wurde es über Nacht zum Bestseller. Mehr als eine Million Exemplare wurden in 18 Auflagen verkauft. Und Schnabl, der stets in weißen Anzügen auftrat, wurde zu einem Star.

Während draußen der Krieg der Systeme tobte, wollte Schnabl wenigstens in den Schlafzimmern für ein bisschen Frieden sorgen. »Nachdem unser sozialistischer Staat durch die vollzogene Gleichberechtigung von Mann und Frau die Grundlage für eine glückliche Ehe geschaffen hat«, schreibt er im Vorwort, solle »jeder einzelne von uns sein Verhalten so entwickeln und vertiefen, dass es auch zu einem konfliktarmen, das Dasein bereichernden Geschlechtsleben befähigt«. Auf den ersten Seiten erklärt er zunächst die »Grundlagen des Geschlechtslebens« und die Verblendungsmechanismen, die »den Bereich der Intimbeziehung von der Verbreitung wissenschaftlicher Kenntnisse ausschließen wollen«. Dann ging's ans Eingemachte.

Schnabl stützte sich sowohl auf seine langjährigen Erfahrungen in der Sexualberatungspraxis als auch auf seine Habilitation, für die er 3500 DDR-Bürgern detaillierte Fragebögen zu ihrem Sexleben geschickt hatte. Zwar hatte ihm die Regierung die indiskrete Forschungsarbeit nach einiger Zeit untersagt, Schnabl vernichtete die erste Sexstudie der DDR aber nicht wie angeordnet, sondern brachte deren Ergebnisse von der Zensur unbemerkt in *Mann und Frau intim* unters Volk. Eine Erkenntnis war, dass in vielen Schlafzimmern die Betten »über Eck« standen, was den Austausch von Zärtlichkeiten erschwerte. Unter derart beengtenPlattenbaubedingungen, riet Schnabl, sollte man sich Ausweichmöglichkeiten jenseits der Bettstatt suchen.

Überhaupt hatte Schnabl viele Tipps und Kniffe für Männer und – das war in der damaligen Zeit unerhört – auch für Frauen auf Lager: »Welche äußeren Umstände hemmen und welche fördern die orgastische Fähigkeit der Frau?«, »Ist der Mann am Unbefriedigtsein der Frau schuld?« oder, versöhnlicher, »Was erwartet die Frau vom Mann?« Als Vollverdienerinnen hatten Frauen in der DDR einen anderen Stand als die westdeutschen Herdheimchen. Dass Schnabl über die »Bedeutung der Koitusposition für den Orgasmus der Frau« schrieb, war trotzdem revolutionär. Männer klärte er über die »psychische Verfassung des Potenzgestörten«, »mangelnde Gliedsteife« und vorzeitigen Samenerguss auf.

In dem Standardnachschlagewerk manifestierte sich auch die Sexideologie der DDR. Anders als im bürgerlich verklemmten Bruderstaat, sollten sich die Bürger auf natürliche und freie Art und Weise lieben. Kurz nach Erscheinen von *Mann und Frau intim* startete die Regierung folgerichtig eine Sexgroßkampagne: Erst wurde die kostenlose Abgabe der Pille eingeführt, dann die Abtreibung bis zum dritten Schwangerschaftsmonat erlaubt. Den sogenannten »Schwulenparagrafen«, der Homosexualität unter Strafe stellte, hatte man schon 1968 abgeschafft (in der BRD geschah das erst 1994). Nach der Wende sagte Siegfried Schnabl in einem Interview: »Im SED-Politbüro dachte man vielleicht: Wenn die Menschen miteinander und im Bett glücklich sind, dann kommen sie nicht auf dumme politische Gedanken.«

1970 n. Chr.

NIPPLEGATE IM ZDF

~

Das ZDF erhielt Bombendrohungen. Zeitungen berichteten von einen »Anschlag auf den guten Geschmack«. Verzweifelte Eltern klagten, dass sie ihren Kindern die Augen hatten zuhalten müssen und schrieben Protestbriefe an ihre Bundestagsabgeordneten. Und alles nur wegen der Quiz-Show *Wünsch Dir was*, die am 7. November 1970 zur besten Sendezeit ausgestrahlt wurde – live! In der Sendung mussten Familien aus Deutschland, Österreich und der Schweiz unter Beweis stellen, wie gut sie einander kannten.

Aus Deutschland trat an diesem Tag die Familie Stöhr an. Vater und Mutter, Sohn und Tochter, wie aus dem biederen BRD-Bilderbuch. Zunächst schickten die Moderatoren Dietmar Schönherr und Vivi Bach die 17-jährige Leonie hinter die Bühne. Dann bekamen ihre Eltern und ihr Bruder fünf unterschiedliche Outfits vorgeführt, und mussten raten, welches Kostüm Leonie wohl auswählen würde. Bruder Robert sagte: »Wenn ich recht überlege, dann das mit der Hose hier.« Raunen im Studiopublikum. Der Vater entschied sich ebenfalls für das Outfit. Mutter Stöhr stimmte zu. »Warum gerade dieses?«, fragte Moderator Schönherr – »Weil meine Tochter schrecklich gerne Hosen trägt.« Das Publikum lachte nun schallend. Schönherr bemerkte: »Mir scheint die Hose nicht das Bemerkenswerteste an diesem Kostüm.«

Hinter der Bühne musste nun Leonie zwischen den Outfits wählen und entschied sich tatsächlich für die Blusen-Hose-Kombination, schlüpfte hinein und trat selbstbewusst und mit glühenden Wangen in das Scheinwerferlicht und vor die Kameras. Ebenso wie ihre Familie hatte sie übersehen, dass das Oberteil recht transparent war. Und sie trug an diesem Tag keinen BH. Moderator Schönherr sprach:

»Da muss ich doch sagen, dass da eine ungeheure Übereinstimmung herrscht, es ist Übereinstimmung in drei Fällen, das heißt, es gibt sechs Punkte dafür.«

Und dann: Bombendrohungen und Protestbriefe. Leonie Stöhr hat ihren Auftritt nie bereut und erzählte gerne, dass sie nach der Show 90 schriftliche Heiratsanträge bekommen hatte.

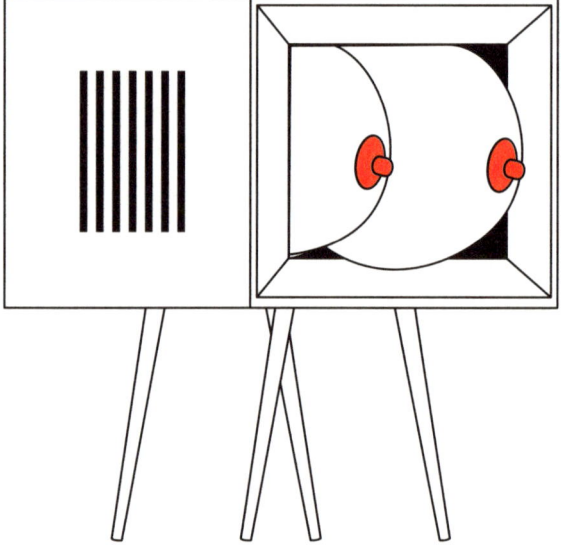

DEUTSCHLAND IN DER SEXSCHULE

~

Eine Szene wie aus einem der großen amerikanischen Gerichtsdramen *Die zwölf Geschworenen* oder *Wer die Nachtigall stört*: Zwölf Männer und Frauen sitzen an einem Tisch, sie entscheiden über Lüge und Wahrheit, Unschuld oder Strafe. In dem deutschen Softporno *Schulmädchen-Report* versammelt sich zwar keine Jury, sondern nur der Elternbeirat eines Gymnasiums, es wird auch kein Tötungsdelikt verhandelt. Der 18-jährigen Renate W. droht der Schulverweis, weil sie auf einer Exkursion zum Elektrizitätswerk den Busfahrer verführt hatte. Ein vergleichsweise harmloser Vorfall, alle hatten Spaß, niemand wurde verletzt, trotzdem geht es jetzt um alles: Was ist in Deutschland eigentlich verboten, was erlaubt?

Zunächst sieht es schlecht aus für Renate W. Der Elternbeirat ist empört. Aber dann ergreift Dr. Bernauer das Wort, der vom Schulleiter zu der Runde hinzugebeten worden ist. Die Eltern lachen spöttisch, als sie seine Funktion erfahren, der Mann ist Psychologe. Bernauer lässt sich nicht erschüttern, zündet sich eine Zigarette an und sagt: »Die heutige Jugend denkt in sexuellen Dingen viel selbstständiger, als Sie glauben. Wir leben alle noch in einer Sexualmoral, die sich längst überholt hat.«

Die Sitzung des Elternbeirats bildet die Rahmenhandlung von *Schulmädchen-Report – Was Eltern nicht für möglich halten*, des seltsamsten, schmierigsten und irgendwie auch faszinierendsten Films, den die Bundesrepublik hervorgebracht hat. In der Folge zitiert Dr. Bernauer aus wissenschaftlichen Studien und erzählt im Stil des *Dekameron* (Die Erotik der Beulenpest, S. 81) eine erotische Geschichte nach der anderen, die im Film en détail gezeigt werden. Da wäre zum Beispiel Marlene, 17 Jahre alt, die auf ihren Sportlehrer steht und »Schwierigkeiten hat, ihre Beine zusammenzuhalten«. Oder die Halbwaise Anne, deren Gefühle für ihren Stiefbruder über das Erlaubte hinausgehen. Die hübsche Irina, 16, wird beim Klauen in einer Boutique erwischt und lässt sich mit dem Hausdetektiv ein, um einer Anzeige zu entgehen.

Der Film basierte auf dem gleichnamigen Buch von Günther Hunold, das im Jahr 1970 herauskam. Hunold, 44 Jahre alt, damals Dozent an der Musikhochschule Halle, hatte sich bei 14- bis 20-jährigen Mädchen über ihre sexuellen Vorlieben umgehört und in seinem Aufklärungswerk zwölf Interviews veröffentlicht. Der Münchner Filmproduzent Wolf C. Hartwig, 51, war von dem Buch so begeistert, dass er für 30 000 D-Mark die Rechte kaufte und noch im selben Jahr den Film herausbrachte. Gedreht wurde vor allem mit Laiendarstellern, bevorzugt Supermarkt-Verkäuferinnen, denen Hartwig 600 Mark Tagesgage zahlte. Einige Profi-Schauspieler machten auch mit und starteten mit dem *Schulmädchen-Report* ihre Karriere: Unter anderem waren Konstantin Wecker, Ingrid Steeger, Sascha Hehn, Heiner Lauterbach und Jutta Speidel in einer der insgesamt 13 Filmfolgen dabei. Mit rund sechs Millionen Zuschauern in Deutschland hält sich *Schulmädchen-Report I – Was Eltern nicht für möglich halten* immer noch in den Top Ten der erfolgreichsten deutschen Filme. Weltweit hatte die Reihe mehr als 100 Millionen Zuschauer.

Die Filme waren nicht besonders explizit. Die Sexszenen waren nur gestellt, man verzichtete auf Nahaufnahmen, und damit die Geschlechtsteile der männlichen Schauspieler keinesfalls zu sehen waren, klebte man sie ihnen mit einem Pflaster an den Bauch. Es ist trotzdem bemerkenswert, dass zu Beginn der 1970er-Jahre Millionen Menschen ins Kino gingen, um sich einen Softporno anzuschauen. Dass der Chef, die Nachbarin oder der Sportlehrer in der Reihe hinter einem hätte sitzen können, schreckte offenbar kaum jemanden ab. Der Summer of Love und die sexuellen Provokationen der 68er-Bewegung (Rainer Langhans wird entjungfert, S. 166) waren noch präsent, und die Bundesbürger waren offenbar entschlossen, die bleierne Wirtschaftswunderzeit hinter sich zu lassen. Diese unbeholfene Neugierde und Fröhlichkeit strahlt auch der *Schulmädchen-Report* aus, der Film hatte Erfolg, weil er ein Land im Aufbruch zeigte.

Am Ende der Geschichte kann Dr. Bernauer die Elternbeirats-Jury überzeugen. Die moderne Wissenschaft schlägt die traditionelle Prüderie, die neue Lust siegt über die alte Verklemmtheit. Renate W., die im Übrigen hervorragende Noten hat, wird nicht der Schule verwiesen und kann ihr Abitur absolvieren. In der letzten Szene sieht man die Eltern beim Verlassen der Schule. Ein dicklicher, weißhaariger Mann sagt: »Ich habe da ja noch einige grundlegende Zweifel.« Ein anderer Familienvater fragt ihn, warum er diese nicht bei der Sitzung vorgebracht habe. Der Weißhaarige antwortet: »Na ja, man will ja schließlich nicht für altmodisch gehalten werden.« Sein Gesprächspartner findet: »Das ist natürlich ein Argument.«

EIN DEUTSCHER ERFINDET DIE TANTRAMASSAGE

~

Ein 32 Minuten lang andauernder Orgasmus. Herbeigeführt in ein- bis dreistündiger Massage aller Körperteile und Geschlechtsorgane durch einen nackten Masseur in lauwarmer Umgebung. Wasser, Wind, Klang, Geruch und Geschmack. Große Transzendenzerfahrung. Universalität der Liebe. Mehrere Höhepunkte und Ejakulationen möglich. Nachgespräch über das Erlebte obligatorisch. So lautet, grob zusammengefasst, der Leitfaden der »Original Tantramassage«. Die spirituell-sexuelle Methode wurde allerdings nicht im alten Indien erfunden, sondern im Berlin der späten 1970er-Jahre.

Andro Rothe, der Mann, der der Welt die Tantramassage schenkte, wurde 1941 geboren, verbrachte als Kind viel Zeit im Schwarzwälder Naturheilsanatorium seines Großvaters und wuchs insgesamt in einer »freigeistigen Künstleratmosphäre« auf, wie er sich selbst erinnert. Er besuchte die Malklasse seines Vaters, der an der Kunstakademie in Pforzheim arbeitete, und jobbte dort auch als Aktmodell. Rothe entstammte einem Milieu, das die Antworten auf die großen Fragen des Lebens nicht unbedingt in Westeuropa oder den Lehrbüchern der Schulmedizin vermutete.

Im Jahr 1975 besuchte Rothe unter anderem den Ashram des Gurus Bhagwan, später Osho genannt, im indischen Poona. Der Philosoph Peter Sloterdijk, der zu der Zeit dort unter dem Namen Swami D. Peter aktiv war, gab später zu: Neunzig Prozent von dem, was im Ashram unter spiritueller Sexualität gelaufen sei, war »nichts anderes als eine öde Rammelei«.

Andro Rothe fand es offenbar weniger öde. Zurück von seinen Reisen, die ihn über die Türkei nach Kurdistan, Afghanistan, Belutschistan, Pakistan, Indien, Ceylon, Nepal und Tibet führten, eröffnete er 1978 ein sogenanntes »spirituelles Tantrazentrum« in Berlin, bot die erste Tantramassage der Welt an und ließ sich den Begriff »Tantramassage« patentrechtlich schützen. Mittlerweile hat er in Saranam Ludvik Mann – einem Enkel Heinrich Manns – einen potenten Geschäfts- und Lebenspartner gefunden. Auch ein Sohn des deutschen Geistesadels hilft also, indische Erotik-Esoterik zu verbreiten.

Die Inder wehren sich schon seit Langem dagegen, dass die ganzheitliche Lebenskunst Tantra auf verschiedene Sextechniken verkürzt wird. Andro Rothe beruft sich trotzdem selbstbewusst auf Quellen »der theosophischen Philosophie der Jahrhundertwende«, des »traditionellen Vajrayana Tantra Indiens« und des »Zenbuddhismus«. Ebenfalls wichtig sind ihm laut eigener Aussage die Lehren der »modernen amerikanischen Humanpsychologie, der Orgontheorie, der New-Age-Therapien zwischen Indianerschamanismus, Urschrei- und Familientherapie, der Nahtodforschungen von Kübler-Ross, der Psychodrogenexperimente Lillys und Learys als auch der modernen Quantentheorie«. Rothes Lehre ist ein Best-of-Remix der globalen Spiritualität – mit Orgasmusgarantie. Dem 2004 gegründeten deutschen »Tantramassage-Verband e.V.« wurde die kassenärztliche Anerkennung bislang verwehrt.

1980 n. Chr.

DIE SEXPARTY IST VORBEI

~

Am letzten Abend stieg Steve Rubell noch einmal auf die DJ-Kanzel, nahm ein Mikrofon in die Hand und blickte auf seine Gemeinde hinab. Er war offensichtlich betrunken, vielleicht auch high, schwankte stark und wäre fast gestürzt. Im letzten Moment hielt ihn irgendjemand fest. Rubell nahm wieder Haltung an. Und sang dann einen Song von Frank Sinatra: »I Did It My Way«. Natürlich.

Das *Studio 54* in New York, das Rubell zusammen mit seinem College-Freund Ian Schrager im Jahr 1977 gegründet hatte, schloss am 4. Februar 1980 mit einer Party, die das Motto hatte: »The End of Modern-day Gomorrah«. Das war nicht zu hoch gegriffen. Drei wilde Jahre lang kamen die Menschen nicht nur ins *Studio 54*, um zu tanzen, zu trinken, zu flirten und andere Standardbewegungen des Clublebens durchzuführen. Die Leute kamen, um den Alltag hinter sich zu lassen und sich für einen Moment zu vergessen. Der Modedesigner Tom Ford sagte einmal: »Der ganze Ort bestand aus Koks. Niemand war trübselig, weil alle drauf waren.« Der Mix aus Disco-Music, schönen Körpern, Alkohol und Drogen führte zu surrealen Szenen. Die Leute trieben es überall. Besonders auf dem Balkon über der Tanzfläche. Die Sofas, Stühle und Polster waren mit Gummi bezogen, damit das

Personal sie besser reinigen konnte. Jeder wollte im *Studio 54* feiern: Schwule und Drag Queens, Supermodels und Studenten, Andy Warhol, Elizabeth Taylor, Bianca Jagger, Truman Capote, Donald Trump und natürlich Franz Beckenbauer, der zu dieser Zeit bei Cosmos New York seine aktive Karriere ausklingen ließ: »Ich habe mir das in aller Ruhe mit einem Drink in der Hand angeschaut«, erinnerte er sich, »für mich war New York die schönste Zeit in meinem Leben.«

Das Erfolgsgeheimnis des *Studio 54* war die bunte Mischung der Gäste. Steve Rubell hat einmal gesagt: »An der Tür ist es wie beim Mischen eines Salats oder der Besetzung eines Theaterstücks. Wenn die Auswahl der Gäste zu heterosexuell ist, fehlt die Energie im Raum, ist sie zu schwul, fehlt der Glamour. Wir wollen es bisexuell, sehr, sehr bisexuell.«

Als das Finanzamt im Dezember 1979 das Gebäude durchsuchte, fanden die Ermittler überall Säcke, die mit Dollarnoten gefüllt waren. Kurz darauf wurden Rubell und Schrager wegen Steuerhinterziehung in Höhe von 2,5 Millionen Dollar zu dreieinhalb Jahren Haft verurteilt. Die Party »The End of Modern-day Gomorrah« war auch das Ende ihres Lebens in Freiheit. Am nächsten Tag mussten die beiden ins Gefängnis, von ihrer Strafe saßen sie nur 13 Monate ab. Den letzten Drink an der Bar bekam Sylvester Stallone.

Gut möglich, dass die Zeit des *Studio 54* ohnehin abgelaufen gewesen wäre. Ende der 1970er-Jahre war New York zwar bankrott, dafür war – anders als heute – die Sperrstundenregelung locker und freier Sex möglich. Im *Studio 54* wurde ein letztes Mal der Promiskuität gehuldigt, bevor die AIDS-Epidemie (Ein Berliner Arzt besiegt HIV, S. 180) das Sexleben der Menschen für immer veränderte. »Ich weiß nicht, ob ich im Himmel oder in der Hölle war«, hat Lillian Carter, die Mutter des damaligen Präsidenten Jimmy Carter nach einem Besuch des *Studio 54* gesagt. »Auf jedem Fall aber war es wundervoll.«

DER CLINTON-SKANDAL

~

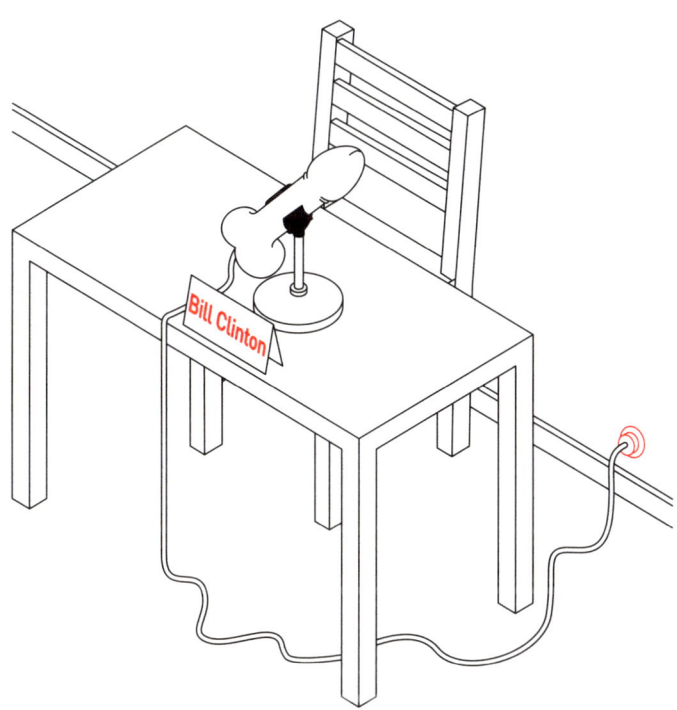

Bill Clinton

Am Ende der Affäre hatten alle Beteiligten das Gefühl, dass sich die Dinge massiv in die falsche Richtung entwickelt hatten. Ein Mitglied der Grand Jury, die im August 1998 die 25-jährige Monica Lewinsky tagelang über deren Beziehung mit dem US-Präsidenten verhört hatte, wandte sich mit persönlichen Worten an die junge Frau, die im Gerichtssaal so oft geweint hatte: »Das ist heute ja Ihr letzter Besuch bei uns, und … und ich hoffe auch, dass ich so etwas nicht noch mal machen muss. Wir wollten Sie auf jeden Fall mit den besten Wünschen entlassen, viel Glück und Erfolg und Gottes Segen.«

In den Stunden zuvor waren die Juroren weniger rücksichtsvoll mit Lewinsky umgegangen: »Wenn Sie heute auf die Affäre zurückblicken, handelte es sich eher um Liebe oder um eine sexuelle Obsession?«

»Haben Sie und der Präsident jemals eine sexuelle Handlung ausgeübt, bei der eine Zigarre eine Rolle spielte?«

»Glaubten Sie, der Präsident sei ebenfalls in Sie verliebt?« Wirklich?

Auch in politischen Kriegen gibt es so etwas wie Kollateralschaden. Im Jahr 1998 kämpfte Bill Clinton um sein politisches Überleben. Erst zum zweiten Mal in der Geschichte der Vereinigten Staaten hatte der US-Kongress ein Amtsenthebungsverfahren gegen einen amtierenden Präsidenten eingeleitet. Clinton wurde allerdings nicht wegen einer Vergewaltigung oder dem Besitz von Kinderpornografie angeklagt, sondern wegen Meineids und Behinderung der Justiz. Der 52-Jährige hatte im Rahmen eines zivilrechtlichen Verfahrens, bei dem eigentlich seine Beziehung zu einer Frau namens Paula Jones während seiner Zeit als Gouverneur von Arkansas geklärt werden sollte, nachweislich gelogen, als ihn die gegnerischen Anwälte fragten: »Hatten Sie zu irgendeinem Zeitpunkt sexuellen Kontakt mit Monica Lewinsky?«

Bei all den Rücktrittsforderungen, den Schlagzeilen und Sondersendungen konnte man fast vergessen, um was es eigentlich ging: Ein verheirateter Mann in der Midlife-Crisis hatte geschwindelt, als er sich bei einem Seitensprung mit einer jungen Frau erwischen ließ.

Clinton war nicht der erste US-Präsident mit einem wilden Sexleben. Thomas Jefferson, der Autor der Unabhängigkeitserklärung, hatte angeblich eine Affäre mit seiner Sklavin Sally Hemings. Franklin D. Roosevelt fing etwas mit der Assistentin seiner Ehefrau, Lucy Mercer, an, und John F. Kennedy schlief in den 1960er-Jahren unter anderem wohl regelmäßig mit der Sexgöttin Marilyn Monroe. Die Affären waren in Washington ein offenes Geheimnis, aber die Journalisten und politischen Gegner redeten nicht darüber. Heute stehen auf der National Mall in Washington, dem amerikanischen Nationalheiligtum, riesige Denkmäler und Statuen der drei präsidialen Machos.

Der Clinton-Skandal, auch »Monicagate« oder »Oral Office«-Affäre genannt, zeigte, wie sich die politische Kultur veränderte. Verantwortlich dafür waren die beiden großen sozialen Bewegungen dieser Zeit, der Feminismus und die christliche Rechte, die wenig gemein hatten, hier aber zufällig in eine Richtung marschierten:

Die Gegenkultur der 68er und die Feministinnen hatten den berühmten Spruch »Das Private ist politisch« geprägt, die Evangelikalen nutzten den Slogan »Character Counts«. Ein Politiker, der eine außereheliche Affäre hat, so die verbreitete Ansicht, geht auch verantwortungslos mit Staatsgeheimnissen um. Plötzlich galt jede sexuelle Handlung, die nicht in das Schema F passte – monogam, heterosexuell, vertraglich abgesichert durch eine Ehe – als Charakterdefizit. Und Sex wurde zu einer politischen Waffe.

Bill Clinton hatte seit Beginn seiner politischen Karriere einen Ruf als Schürzenjäger und Playboy. Wirklich gefährlich wurde es für ihn aber erst, als sich der Sonderermittler Kenneth Starr, der die Clinton-Regierung eigentlich wegen anderer Ungereimtheiten durchleuchtete, der Lewinsky-Affäre annahm. Starr galt als ultrakonservativ, verbissen und humorlos. Insgesamt ermittelte er sieben Jahre erfolglos gegen Clinton (der Starr-Report umfasste am Ende 452 Seiten, 1660 Fußnoten und 18 Kartons voller Materialien). Im Laufe der Ermittlungen erfuhr die Öffentlichkeit, wie oft Lewinsky den Präsidenten zum Orgasmus gebracht hatte (zweimal), wie sein Penis genau aussah (gekrümmt, mit Muttermal) und dass der Präsident nie mit seiner Geliebten schlief und normalerweise nach dem Oralsex oder Heavy Petting in ein Badezimmer ging und ins Waschbecken masturbierte (Onan onaniert nicht, S. 27) – vermutlich, um Vaterschaftsklagen zu vermeiden und keine DNA-Spuren zu hinterlassen. Die berühmten Spermaspuren auf Lewinskys Kleid müssen den professionellen Betrüger Clinton verdammt geärgert haben.

Clinton überstand die Affäre zum einen wegen juristischer Spitzfindigkeiten. Er berief sich darauf, dass ein Blowjob keinen sexuellen Kontakt darstelle und beantwortete unter Eid eine Frage mit dem bemerkenswerten Satz: »Das kommt darauf an, was die genaue Bedeutung des Wortes ›ist‹ ist«. Wichtiger aber war, dass die Öffentlichkeit das Amtsenthebungsverfahren nach einiger Zeit als politische Kampagne der Rechten erkannte. Außerdem hatten alle genug von Hardcore-Informationen aus dem Weißen Haus – zumindest für eine Weile.

Als zu einem Zeitpunkt plötzlich Gerüchte in Umlauf kamen, auch Sonderermittler Kenneth Starr habe eine außereheliche Affäre, soll der graue, trockene, ernste Mann extrem sauer gewesen sein. Ihn regte vor allem auf, dass niemand in Washington, absolut niemand so etwas auch nur im Ansatz für möglich hielt.

EIN BERLINER ARZT BESIEGT HIV

~

Es war ein schöner Sommertag im Jahr 2006, als Gero Hütter zum ersten Mal Timothy Ray Brown traf. Ein Tag, der das Leben von Hütter und Brown verändern sollte – und vielleicht sogar den Lauf der Welt. Hütter war damals 28 Jahre alt und arbeitete als Assistenzarzt auf der Krebsstation der Berliner Charité. Brown, der als Übersetzer und Projektmanager tätig war, erzählte, dass er 1995 positiv auf HIV getestet worden sei. Seit zwei Monaten gehe es ihm nun schlechter, Fieber und Müdigkeit, der Hausarzt habe ihn geschickt. Hütter nahm Blut ab und schickte die Proben ins Labor. Die Diagnose kam schnell und war erschütternd. Brown hatte Leukämie. Er ahnte nicht, dass das sein großes Glück sein sollte.

Genau ein Vierteljahrhundert zuvor, im Frühjahr 1981, hatte das US-Center for Disease Control and Prevention zum ersten Mal über atypische und tödlich verlaufende Lungenentzündungen bei fünf jungen, eigentlich kerngesunden Männern in Los Angeles berichtet. Nach der Veröffentlichung der Studie meldeten sich Mediziner auf der ganzen Welt und berichteten über ähnliche Fälle. Weitere Symptome der geheimnisvollen Krankheit waren Gewichtsverlust und Pilzinfektionen im Mund. Fast alle Patienten waren schwul, weshalb man schnell von einer Geschlechtskrankheit ausging. Die Mediziner sprachen vom *acquired immune deficiency syndrome* – erworbenes Immunschwäche-Syndrom, AIDS.

Erst 1983 wurde das HI-Virus entdeckt, das die Zellen befällt, die das menschliche Immunsystem bilden. Ist der Körper entscheidend geschwächt, bricht die AIDS-Erkrankung aus. In den 1990er-Jahren starben 25 Prozent der AIDS-Kranken innerhalb eines Jahres.

Bis heute gibt es nur Theorien darüber, wie, wann und wo das HI-Virus entstand. Klar ist: Innerhalb von wenigen Jahren breitete es sich in der ganzen Welt aus. AIDS wurde zu einer modernen, globalen Seuche. Die neue Krankheit traf vor allem schwule Männer, da das Virus durch Analsex relativ leicht übertragen wird. Schneller noch als das Virus verbreiteten sich Panik und Paranoia. *Der Spiegel* schrieb über die »Lustseuche«, der spätere Papst Joseph Ratzinger sagte: »Man muss nicht von einer Strafe Gottes sprechen. Es ist die Natur, die sich wehrt.« Der CSU-Politiker Peter Gauweiler forderte gar, HIV-positive Menschen in speziellen Heimen zu internieren.

Die Verdrängungstendenzen und die Stigmatisierung der Kranken behinderten sowohl die Forschungsarbeit als auch die notwendige Debatte. Nur langsam realisierte der heterosexuelle Mainstream, dass das Thema alle angeht. Hilfs- und Präventionsprogramme wurden gestartet, die Menschen veränderten ihr Sexualverhalten. Ein langer Kampf begann. Bis heute sind weltweit 36 Millionen Menschen an AIDS gestorben.

Timothy Ray Brown ist schwul, er weiß nicht, wann er sich angesteckt hat. Vielleicht in Seattle, der Stadt, in der er 1966 geboren wurde, vielleicht auf seinen Reisen durch Europa, vielleicht in Berlin, wo er seit den frühen 1990er-Jahren lebt. Nach der HIV-Diagnose absolvierte Brown eine sogenannte »hochaktive antiretrovirale Therapie«, die damals gerade neu auf den Markt kam. Diese Behandlung hält die Anzahl der Viren im Körper so niedrig, dass der Ausbruch von AIDS lange verzögert werden kann. Auch bei Brown schlug die Therapie gut an. Er führte ein relativ normales Leben. Die Leukämiediagnose machte ihm 2006 mehr Angst als AIDS. Sein Arzt an der Charité, Gero Hütter, verordnete eine Chemotherapie, die allerdings kaum Wirkung zeigte.

Hütter suchte in Datenbanken nach einem geeigneten Knochenmarkspender für Brown und war erstaunt, als er das Ergebnis sah: 232 mögliche Spender, eine ungewöhnlich hohe Zahl. Hütter erinnerte sich an einen Artikel, den er im Studium gelesen hatte und der beschrieb, dass ein Prozent aller Menschen immun gegen HIV sind, weil sie einen Defekt im Gen CCR5 aufweisen. Hütter hatte nun die Idee, einen Knochenmarkspender mit einem CCR5-Fehler zu suchen, da diese Mutation die Zellen vor HI-Viren schützt. Auf diese Art und Weise, so dachte er, könnte er Brown womöglich von Leukämie und der HIV-Infektion zugleich heilen.

Hütter hatte bis dahin noch nie einen HIV-Patienten behandelt, er kannte sich in dem Gebiet nicht besonders gut aus, vielleicht war das ein Vorteil, denn wer viel weiß, hat auch klare Ansichten und ist oft weniger offen für ungewöhnliche Ansätze. Hütter, der sich als Assistenzarzt auf der untersten Stufe der medizinischen Hierarchie befand, weihte nur zwei Kollegen in seinen Plan ein. Die Therapie glückte. »Es gibt Millionen HIV-Patienten weltweit. Und ich bin der Erste, der geheilt wurde«, sagte Brown ungläubig. »Erst wollte ich es auch nicht glauben. Aber viele Forscher waren davon überzeugt. Und schließlich glaubte ich es auch.«

Weder Gero Hütter noch anderen Ärzten ist es seither gelungen, den Therapieerfolg bei anderen Patienten zu wiederholen. Aber der Behandlungserfolg gab wichtige Impulse für die Forschung. Derzeit versuchen Wissenschaftler, Knochenmark von HIV-Patienten zu entnehmen, den CCR5-Defekt per Genmanipulation künstlich herzustellen und die Stammzellen dann wieder zurück zu transplantieren. In etwa zehn Jahren soll dieses Verfahren getestet werden. Ein anderer Weg ist die »funktionelle Heilung«, bei der sich das HI-Virus zwar noch im Körper des Erkrankten befindet, durch moderne Medikamente aber so eingedämmt wird, dass kein Schaden mehr von ihm ausgeht. Auch hier erwarten Forscher in den nächsten Jahren den Durchbruch.

Browns Fall hatte eine hohe symbolische Bedeutung. Er machte Millionen von Infizierten neuen Mut und zeigte, dass der Mensch das Virus besiegen kann. Brown lebt heute in den USA und hat die Stiftung Cure for AIDS gegründet, manchmal hält er gemeinsam mit Gero Hütter noch Vorträge, die beiden schreiben sich regelmäßig E-Mails. Hütter arbeitet als medizinischer Leiter bei der Firma Cellex in Dresden, die sich auf Leukämietherapie spezialisiert hat. Er sagt: »Wir haben Medizingeschichte geschrieben. Dank eines flüchtigen Gedankens, der mir zum Glück zur rechten Zeit wieder in den Kopf kam. Möglicherweise ist mir dieses Glück nur einmal vergönnt.«

DER BIO-VIBRATOR

~

Auf dem Titelblatt der Zeitschrift *Ökotest* prangt ein rotes Logo mit Ahornblatt und der Slogan »Richtig gut leben«. Das Magazin wurde 1985 gegründet, einer Zeit, in der sich die Menschen in nie dagewesenem Ausmaß vor Radioaktivität in der Luft, Erdöl in der Nordsee und saurem Regenwasser fürchteten. Die Redaktion und Labortechniker untersuchten das moderne Warenangebot auf ökologische Korrektheit und vermittelten den besorgten Bürgern eine beruhigende Botschaft: Alles wird wieder gut. Wenn du nur richtig einkaufst.

In den Nullerjahren wollten die Konsumenten durch ethisches Shopping und den Verzicht auf Gluten und Laktose aber nicht nur sicher und nachhaltig leben, sondern sich auch etwas Gutes tun und die Sinne anregen. Vielleicht ist das der Grund, warum *Ökotest* im Mai 2009 auf die Idee kam, Sexspielzeug zu testen. Vielleicht wollte man auch das eigene Image und das des Öko-Milieus ein wenig aufsexen.

Die Experten des Magazins waren allerdings nicht sonderlich begeistert über das Angebot auf dem erotischen Markt (Sexrevolution in Flensburg, S. 163). »Der Florida Dolphin aus dem Hause Orion stinkt schon beim Auspacken so penetrant, dass jegliche Lust verfliegt«, notierte ein Jury-Mitglied beleidigt. Fünf Vibratoren bekamen die Note befriedigend oder sogar ungenügend, weil die verwendeten Materialien einen »stark erhöhten Gehalt von polyzyklischen aromatischen Kohlenwasserstoffen wie Dibutylzinn oder Tributylzinn enthielten«.

Zwölf Vibratoren bekamen das begehrte *Ökotest*-Siegel. Angetan hatten es den Testern vor allem »harte, unflexible Vibratoren«, die oft aus dem Holz bestanden, das man auch für Holzeisenbahnen und anderes Spielzeug verwendete. Getestet wurden die Vibratoren in so unterschiedlichen Bereichen wie Schadstoffbelastung, Verarbeitung, Geruch und Motorleistung. Nur eine Kategorie hatte *Ökotest* vergessen: Die Tester verloren kein einziges Wort über die Frage, welcher Vibrator eine Frau denn nun am besten zum Orgasmus bringt.

2013 n. Chr.

KIM KARDASHIAN SCHIESST EIN SELBSTPORTRÄT

~

Die junge Künstlerin scheint in einer Art Ankleideraum zu stehen. Durch die chinesische Wand im hinteren linken Teil des Selbstporträts fällt weiches, warmes Licht. Die Künstlerin trägt einen weißen, knapp geschnittenen Badeanzug und zeigt sich halb von hinten, halb von der Seite. Oberkörper und Kopf hat sie in Richtung des Betrachters gedreht. Zum Augenkontakt kommt es nicht, da die junge Frau konzentriert auf ihr Smartphone blickt, das sie in der linken Hand hält und mit dem sie ihr Spiegelbild knipst. Die Künstlerin hat sich dabei fotografiert, wie sie sich selbst fotografiert. Im ersten Moment hält man das Selbstportrait für missglückt, da man nur einen Teil ihrer linken Gesichtshälfte und ein paar blonde Haarsträhnen zu sehen bekommt. Aber um ihr Antlitz geht es hier nicht. Auch der Ansatz ihres linken Busens steht nicht im Fokus. Das linke Bein ist leicht angewinkelt, steht unter Spannung und lenkt so den Blick des Betrachters auf das Zentrum des Bildes: das bemerkenswert große und runde Hinterteil der Künstlerin.

Im Oktober 2013 schoss Kim Kardashian ihr erstes Belfie, eine Begriffsneuschöpfung, die aus den englischen Wörtern Butt (Po) und Selfie (Selbstbildnis mit Handy-kamera) gebildet wird. Kardashian hatte das Belfie zwar nicht erfunden, indem sie das Po-Porträt aber über soziale Medien an ihre unzähligen Fans und Follower verbreitete, löste sie einen medialen Tsunami aus und veränderte das weibliche Schönheitsideal nachhaltig. XXL-Busen, Endlosbeine und Sixpack verloren plötzlich an Bedeutung. Die *New York Times* berichtete aufgeregt: »Der Hintern ist Amerikas erogene Zone der Wahl.«

Schon im Jahr 1991 hatte der amerikanische Rapper Sir Mix-a-Lot auf der Bühne proklamiert: »I like big butts.« Ein Vierteljahrhundert später hatte Hip-Hop nicht nur Popmusik, Sprache und Mode umfassend verändert, sondern auch ein neues Körperideal etabliert: Die Frau, die Männer um den Finger wickelt, indem sie ihren »Bubble Butt« schüttelt. Hip-Hop-Videos wirkten wie eine Mischung aus Fitnesstraining und Striptease-Show, »Pominente« wie Coco Austin, die Frau von Rapper Ice-T, waren für nichts anderes bekannt als ihren XXL-Hintern.

Das weibliche Gesäß hat eine äußert kurvenreiche Geschichte hinter sich und war nicht immer gleichermaßen en vogue. Die alten Ägypter interessierten sich zum Beispiel kaum für den Hintern und bevorzugten allgemein schlanke, knabenhafte Damen. Im antiken Griechenland hingegen hatte der Po ein höheres Ansehen. Im Jahr 340 vor Christus schuf der Bildhauer Praxiteles seine berühmte *Aphrodite von Knidos*, die vor einer Tempelmauer platziert wurde und wegen ihrer Schönheit viele antike Touristen anzog. Weil die Besucher verlangten, auch den »Rücken« der Liebesgöttin zu inspizieren, baute man später eine Tür in die Wand hinter der Statue ein. Der Blick auf den Arsch der Aphrodite lag nun frei, und die Besucher sollen vor Entzücken gejuchzt haben. Nach vielen Jahrhunderten, in denen Frauen fast zweidimensional dargestellt wurden, entdeckte der Malerfürst Rubens (Rubens heiratet eine Rubensfrau, S. 96) die Schönheit eines großen Hinterteils. Anfang des 17. Jahrhunderts und gegen Ende des 19. Jahrhunderts betonte die Damenmode den Po mithilfe von Polstern – dem sogenannten Cul de Paris.

Im Jahr 2013 kam es zu einer Renaissance der Rückseite. Inspiriert von Kim Kardashian posteten zunächst Stars wie Rihanna und Beyoncé ebenfalls Po-Porträts, Zehntausende Frauen folgten dem Trend. Der »Bubble Butt« wurde zum Blockbuster. Das Ex-Disney-Sternchen Miley Cyrus führte zur besten Sendezeit den Hip-Hop-Tanz Twerking vor, Nicki Minaj landete mit Songs, in denen sie selbstbewusst über ihren »big fat ass« rappte, an der Spitze der Charts und für das Cover der Bademodenausgabe von *Sports Illustrated* wurden die Models erstmals von hinten fotografiert. Es gab wieder Hosen mit Push-up-Funktion und eine Schönheitsoperation namens »Brazilian Butt Lift« wurde populär, bei der Fett aus dem Bauch abgesaugt und in den Hintern gespritzt wurde.

Kardashians Belfie sorgte dafür, dass ein Hintern, so »groß wie ein Cadillac« (Nicki Minaj), zum Statussymbol wurde. Ein muskulöserer weiblicher Körper passt gut in eine Zeit, in der Frauen immer aggressiver auftreten und sich am gesellschaftlichen Wettrennen um Status, Eckzimmerbüros und Gehaltserhöhungen beteiligen. Aber dies bedeutet nicht, dass Frauen nun sein können, wie sie wollen. Einen schönen Hintern muss man sich erarbeiten, er ist nicht nur ein Sexsymbol, sondern auch ein Symbol für die Leistungsgesellschaft. Um ihren Hintern noch stärker zu betonen, trägt die Körperkünstlerin Kim Kardashian so gut wie immer ein Korsett um die Taille. Außerdem geht sie sechsmal pro Woche ins Fitnessstudio.

2014 n. Chr.

DIE TINDER-REVOLUTION

~

Im Frühjahr 2014 trennte sich die Sängerin Katy Perry von ihrem damaligen Freund, dem Rockstar John Mayer. Ihren Liebeskummer bekämpfte die 29-Jährige wie das 29-Jährige eben tun. Sie lud die Dating-App Tinder auf ihr Smartphone, eine Art Liebes-Radarschirm, auf dem beziehungswillige Menschen in der Umgebung angezeigt werden. In einem Interview lobte Perry später die Effizienz des Programms: »Ich habe nicht so viel Zeit«, sagt sie, »deshalb habe ich mich richtig in Tinder reingestürzt.«

Tinder und andere Emo-Apps wie Lovoo oder Badoo gewannen binnen weniger Monaten viele Millionen Nutzer und veränderten die Art und Weise, wie gelebt und geliebt wird. Das Prinzip war so einfach, dass man es auf der ganzen Welt verstand: Die App ortet Singles, die sich in der Nähe aufhalten und präsentiert ein sehr reduziertes Profil, in dem nur Name, einige persönliche Informationen und sechs Fotos angezeigt werden: Dann wischt man mit dem Daumen entweder zum grünen Herz (rechts) oder zum roten Kreuz (links). Entscheiden sich beide Nutzer unabhängig voneinander für das Herz, wird die Chatfunktion zwischen ihnen freigeschaltet: »It's a Match!« Dann, so die Idee, ist alles möglich.

Dass auch Superstars wie Katy Perry, Ashton Kutcher oder Hilary Duff, die sonst jeden öffentlichen Auftritt penibel planen und die meiste Zeit auf der Flucht vor Paparazzi sind, die App nutzten, dokumentiert deren durchdringenden Erfolg. 2015 führte Tinder die »Verified Profiles« ein, um sicherzustellen, dass die liebeskranken und liebestollen VIPs auch echt sind. Die ultimative Fantasie, der Jackpot der Liebeslotterie: Das Match ist zufällig ein Superstar.

Wie alle Revolutionen brachte auch die Tinder-Bewegung das Establishment auf die Barrikaden. Statt mit dem Daumen zu wischen, erhoben Zweifler den Zeigefinger: Die App sei zu schnell, zu oberflächlich, zu gedankenlos. In Wahrheit aber brachten die Dating-Apps eine dringend notwendige Dosis Chaos und Offenheit in das festgefahrene Gefühlssystem.

In Deutschland entsteht nach wie vor jede dritte Beziehung am Arbeitsplatz, 80 Prozent der deutschen Paare haben ähnliche Berufe und ein ähnliches Bildungsniveau. Herkömmliche Dating-Seiten wie parship.de, die ihre Mitglieder nach Berufsstand, Einkommensverhältnissen und Stammbaum sortieren und dann untereinander vermitteln, verschärfen das postmoderne Kastensystem nur noch. Tinder hingegen zeigt weder Diplome noch Kontostand an und nimmt den Menschen so die emotionalen Scheuklappen ab. Gleichzeitig garantiert in der Welt der Dating-Apps der initiale Kontakt (Match) noch lange nicht den Erfolg (Liebe? Sex? Sicherheit?). Das Match bedeutet lediglich, dass den beiden Menschen nun ein Kommunikationskanal offensteht. Und diesen Kanal gilt es, aktiv und kompetent zu nutzen. Der erste Satz muss sitzen, muss charmant, witzig, zumindest höflich sein. Die Liebes-App Tinder steht für eine Renaissance der Romantik.

SADISMUS IM OTTO-KATALOG

~

Die Peitsche hat die »ideale Länge« von 60 Zentimetern, besteht aus Leder, PVC und Nylon und kostet 39,95 Euro. »Tauchen Sie ein in die Lustwelt von *Shades of Grey*«, so wirbt der Otto-Versand für das offiziell lizensierte Sexspielzeug. »Starke und sanfte Hiebe mit der Peitsche verschaffen lustvollen Genuss. Durch den gummierten Griff kann man die Sinnlichkeit auf seinen Partner übertragen und ein ideales Mittel zwischen Lust und Schmerz finden.«

Der Otto-Katalog ist mehr als nur ein dickes Druckerzeugnis mit Fotos und Bestellnummern. 1950, zu Beginn des Wirtschaftswunders, kam er in einer Auflage von 300 Stück zum ersten Mal heraus. Auf 14 Seiten wurden 28 Paar Schuhe präsentiert. Schon bald verkaufte Otto auch Hosen, T-Shirts, Mixer, Fernseher und Sofas. Der Katalog wurde zur kollektiven Einkaufsliste der Deutschen: Produkte, die hier beworben wurden, waren für den Massenmarkt gemacht, waren weder neu noch fortschrittlich oder irgendwie gewagt, sie befriedigten keine Nischenbedürfnisse, sondern sollten jeden Deutschen interessieren. Wenn diese Institution deutscher Gediegenheit jetzt Handschellen, Augenbinden und Peitschen verkauft, bedeutet das vor allem eins: Sadomasochistischer Sex ist in der Mitte der Gesellschaft angekommen.

Der Zusammenhang zwischen Lust und Schmerz hat die Menschheit immer fasziniert (SM bei den Etruskern, S. 32; Marquis de Sade kommt ins Irrenhaus, S. 119). Aber selbst zu Beginn des 21. Jahrhunderts konnte man als Otto-Normalgenießer kaum frei über seine sadomasochistischen Neigungen sprechen. Das alles änderte sich durch ein Buch, das wohl tatsächlich zu den wirkmächtigsten Schriften der Menschheitsgeschichte gezählt werden muss: Bereits 2011 erschien in den USA der erste Band der Trilogie *Fifty Shades of Grey* von E. L. James. Die drei Bücher haben sich weltweit mehr als 100 Millionen Mal verkauft, allein in Deutschland wurden knapp sechs Millionen Exemplare an den Mann und vor allem die Frau gebracht. Je erfolgreicher das Buch wurde, desto leichter wurde es für SM-Fans, die eigenen Neigungen zu thematisieren. Was 100 Millionen Menschen auf der ganzen Welt interessiert, kann schließlich nicht abartig sein. Irgendwann lasen Menschen *Shades of Grey* dann ganz selbstverständlich in der U-Bahn. Und vermutlich blieb es nicht bei der Lektüre. Die Verkaufszahlen von SM-Artikeln im Erotikfachhandel stiegen zwischen 2013 und 2015 um mehrere 100 Prozent. Otto selbst gibt keine Zahlen heraus, bezeichnet die Peitsche aber als einen »Topseller«.

SM-Sex passt einfach gut in die Zeit. Die 68er (Rainer Langhans wird entjungfert, S. 166) hatten den Sex nicht nur befreit, sondern auch psychologisiert und politisiert. In den folgenden Jahrzehnten tobte ein endloser Kampf darüber, was Männer und Frauen im Bett tun dürfen, müssen oder sollen: Wie oft pro Woche muss man eigentlich Sex haben? Respektiere ich die Gefühle und Wünsche meines Partners und wie lauten die eigentlich noch einmal? Was darf ich fordern? Was muss ich geben? Schlucken oder nicht? Oben oder unten? Wie war ich eigentlich so, Schatz? Diese Diskussionen waren zwar wichtig, oft aber auch redundant, nervig, unsexy. Die SM-Spiele stellten für die Dauer einer Nacht oder auch nur einer halben Stunde so etwas wie Eindeutigkeit in den Schlafzimmern und erotischen Beziehungen her. Ganz egal, ob nun die Frau oder der Mann dominant agierte: Die Rollen waren klar verteilt, jeder wusste, was er zu tun hatte, fesseln und gefesselt werden, peitschen und gepeitscht werden. Gerade weil die Regeln klar definiert waren, musste man sich nicht genieren und nicht an sich selbst oder am Partner zweifeln. Man konnte sich einfach seinen Fantasien hingeben.

Es mag merkwürdig klingen, dass man im Jahr 2015 ein wildes, erotisches Abenteuer per Bestellformular im Otto-Katalog ordern kann, aber genau so ist es. Manchmal ist Sex eben doch ganz schön seltsam.

DAS BLAUE WUNDER

~

»For a laugh« – »nur so als Witz«, das war die Antwort des 36-jährigen Daniel Medforth, als die Ärzte ihn fragten, wieso zum Teufel er 35 Viagra-Tabletten auf einmal geschluckt hatte. Ende 2015 besuchte der britische Bauarbeiter einen Freund. Sie tranken und redeten Unsinn. Wie genau sie auf die Idee kamen, Medforth solle den Inhalt zweier Packungen Potenzmittel schlucken, ist nicht mehr zu rekonstruieren. Sie wollten aber sicher nicht miteinander schlafen. Kurz nach der Einnahme begann Medforth, sich schlecht zu fühlen. Neben der zu erwartenden Erektion stellte sich auch starker Kopfschmerz und Schwindel ein. Außerdem sah er nur noch grün. Die beiden Freunde brachen das Experiment ab und riefen den Notarzt.

Nach seinem Krankenhausaufenthalt gab Medforth der Boulevardpresse viele Interviews: Er sei sehr glücklich, sagte er, dass alles gut ausgegangen sei. Auch seine Frau habe ihm verziehen. Die Erektion, die fünf Tage lang anhielt, sei allerdings doch sehr unangenehm gewesen.

Und Daniel Medforth hatte noch Glück gehabt. Es gab auch schon Patienten, denen nach einer Viagra-Überdosis der Penis amputiert werden musste, weil das Gewebe irreversibel geschädigt und abgestorben war.

Derartige »Witze« dürften das Letzte gewesen sein, was der US-Chemiker Ian Osterloh im Sinn hatte, als er 1991 den Wirkstoff patentieren ließ. Sildenafil, ein Hemmer für das Enzym PDE-5, wurde eigentlich entwickelt, um Herzbeschwerden zu kurieren. Die Tests an Versuchspersonen machten den Forschern aber wenig Hoffnung auf Erfolg. Den Wissenschaftlern entging jedoch nicht, dass einige männliche Probanden nach dem Ende der Studien überzählige Tabletten nur sehr widerwillig zurückgaben, zweimal war nachts sogar in das Sildenafil-Labor eingebrochen worden. Auch berichteten einige Patienten, gewissermaßen als angenehme Nebenwirkung, über lang anhaltende Erektionen.

Als der Konzern Pfizer im Jahr 1998 das Medikament Viagra herausbrachte, hatten sie nicht nur einen pharmakologischen Blockbuster im Portfolio, sondern veränderten auch das Leben unzähliger Männer. Bis zu diesem Zeitpunkt hatten Patienten, die in Folge einer Prostataerkrankung an erektiler Dysfunktion oder allgemein unter schwindender Potenz litten, nur wenige und wenig attraktive Optionen. Entweder musste man sich hydraulische Schwellkörper in den Penis implantieren lassen, die man mittels einer kleinen Pumpe im Hodensack befüllen konnte. Oder man nutzte eine Penispumpe. Hierbei wurde das Glied in einem Glaskolben mittels eines Vakuums aufgerichtet. Der Nachteil: Das Blut musste mittels eines Gummirings im Penis gestaut werden, weshalb sich dieser dunkelblau verfärbte und kalt wurde. Die Nebenwirkungen von Viagra – Herzrasen, ein roter Kopf, Benommenheit – nahmen sich gegen diese Unannehmlichkeiten paradiesisch aus. Dafür zahlten Männer anfangs etwa 20 US-Dollar pro Tablette. Viagra brachte Pfizer jährlich bis zu zwei Milliarden Dollar ein.

Im Jahr 2013 lief der Patentschutz des Wirkstoffs aus. Billige Generika und andere Wirkstoffe machten Pfizer zunehmend Konkurrenz – und führten zu einer weiteren Verbreitung des Sex-Dopings. Die Potenzpille wurde nicht mehr nur von älteren Herren verwendet, die unter erektiler Dysfunktion litten, sondern auch von gesunden Männern, die einfach ihr Sexleben optimieren wollten (die Erholungsphasen nach der Ejakulation fallen weg), und von Clubgängern, die so die temporäre Impotenz, die durch den Konsum gängiger Partydrogen wie Speed einhergeht, therapierten. 2015 schluckten weltweit rund 40 Millionen Männer Viagra.

Die blaue Pille wurde zum Modemedikament – auch, weil sie keine Krankheit bekämpft, sondern einen gewissen Lifestyle ermöglicht. Die Horrorszenarien, vor denen Kulturpessimisten gewarnt hatten, stellten sich jedoch nicht ein. Weder zogen Gangs von dauergeilen Rentnern durch die Städte und störten den sozialen Frieden, noch hörte man von vielen Beziehungen, die scheiterten, weil die Frauen nicht mehr sicher waren, ob der Partner nun durch sie oder durch »dieses Mittel« erregt wurde. Eine erfreuliche Nebenwirkung hatte der Viagra-Boom aber in jedem Fall: Der Handel mit Potenzhokuspokus in Ostasien ging stark zurück. Niemand braucht teures, nutzloses Nashornpulver oder ranzig schmeckende Tigerhoden, wenn es, wie kürzlich in China aufgetaucht, mit Sildenafil vermischten Getreideschnaps gibt.

EINE PORNO-QUEEN KÄMPFT FÜR DEN WELTFRIEDEN

~

Mia Khalifa ist eine ganz normale, junge Amerikanerin. Sie steht auf das Eishockeyteam der Washington Capitals und geht gern mit ihren Hunden spazieren. Außerdem bekommt die gebürtige Libanesin regelmäßig Todesdrohungen aus ihrer Heimatregion. Weil sie Pornofilme dreht, bekleidet nur mit einem Kopftuch, dem traditionellen Hidschab: »Du wirst in der Hölle schmoren«, schrieben ihr Dutzende Leute über Twitter. Andere Kritiker produzierten Fotomontagen, in denen ihr Gesicht in Hinrichtungsvideos des Islamischen Staates hineinkopiert wurde.

2015 wurde die 22-Jährige zu einem der größten Pornostars der Welt. Auf pornhub.com, der wichtigsten Porno-Plattform im Internet, stiegen die Suchanfragen nach Mia Khalifa im Vergleich zum Vorjahr um 2129 Prozent. Damit landete sie in der Sexgöttinnen-Rangliste auf Platz zwei, geschlagen einzig von Kim Kardashian (Kim Kardashian schießt ein Selbstporträt, S. 184), von der ein privates Sextape im Netz zirkuliert.

Wie jeder Internetkonzern hat Pornhub unbegrenzten Zugriff auf die Nutzerinformationen. 75 Gigabyte Daten laufen pro Sekunde über die Server der Firma und ihrer angeschlossenen Partnerseiten und werden akribisch ausgewertet. 73 Prozent der User sind männlich, die Zahl der Frauen, die die Seite besuchen, wächst jedoch seit Jahren. Bei wichtigen Fußballspielen sinkt die Zahl der Porno-Betrachter dramatisch, hat das Sex-Start-up beobachtet, und im Verlauf der dreiwöchigen Fußball-Weltmeisterschaft werden die User immer nationalistischer und suchen bis zu dreimal öfter nach Filmen aus ihrem eigenen Land.

Die Pornhub-Statistiken, so wirkt es, sind eine bessere Messgröße für die Befindlichkeiten der Menschen und ganzer Völker als Meinungsumfragen und wirtschaftliche Kennzahlen. Schließlich lügen die Leute nicht, wenn sie sich selbst die Frage beantworten müssen, nach welchen Bildern und Szenen sie sich sehnen: Du bist, wozu du wichst.

An keinem anderen Tag sind die Klickzahlen von Pornhub so schlecht wie an Weihnachten, offenbar haben die Leute an Heiligabend etwas Besseres zu tun, als vor dem Bildschirm zu sitzen und an sich selbst herumzuspielen. In Italien, Polen und Rumänien suchen die User am häufigsten nach dem Schlagwort »Hot Mom«. Womöglich hängt dies mit der Position der katholischen Kirche und dem traditionell engen Familienzusammenhalt in diesen Ländern zusammen. Geht man davon aus, dass Pornhub-Nutzer so lang auf der Seite bleiben, bis sie zum Höhepunkt kommen, sind folgende Zahlen interessant: Besucher aus Nepal verweilen am längsten und sind im Durchschnitt 13 Minuten und 39 Sekunden auf der Seite. Ägyptische Nutzer nur 6 Minuten und 48 Sekunden. Kommen Angehörige verschiedener Kulturen unterschiedlich schnell zum Orgasmus? Spielen die Kosten für Breitbandinternet eine Rolle? Oder muss man sich in einer sexuell repressiven Gesellschaft so schnell wie möglich Befriedigung verschaffen, bevor jemand kommt, der einen verurteilt oder dafür sorgt, dass man »in der Hölle schmort«?

Pornokritiker zitieren gern Statistiken, dass Porno für zwölf Prozent aller Webseiten und 35 Prozent aller Downloads verantwortlich ist, und fragen besorgt, was diese permanente Verfügbarkeit von Hardcore-Material mit Kindern macht. Bislang gibt es keinen Beleg für die sexuelle Verwahrlosung der Jugend. Vielleicht besitzt Pornografie ja sogar eine zivilisierende Kraft – das legen zumindest die Pornhub-Statistiken nahe. Die beliebteste Sexfilmkategorie im Iran ist »lesbisch« – genau wie in den USA, dem großen Satan. Die Sehnsucht nach heißer Girl-on-Girl-Action ist offenbar universell, überschreitet Glaubens- und Gebietsgrenzen und könnte zur Völkerverbindung beitragen.

Mia Khalifa gehört unter anderen in folgenden Ländern zu den beliebtesten Pornostars: Argentinien, England, Libanon, Syrien, Jordanien und Israel.

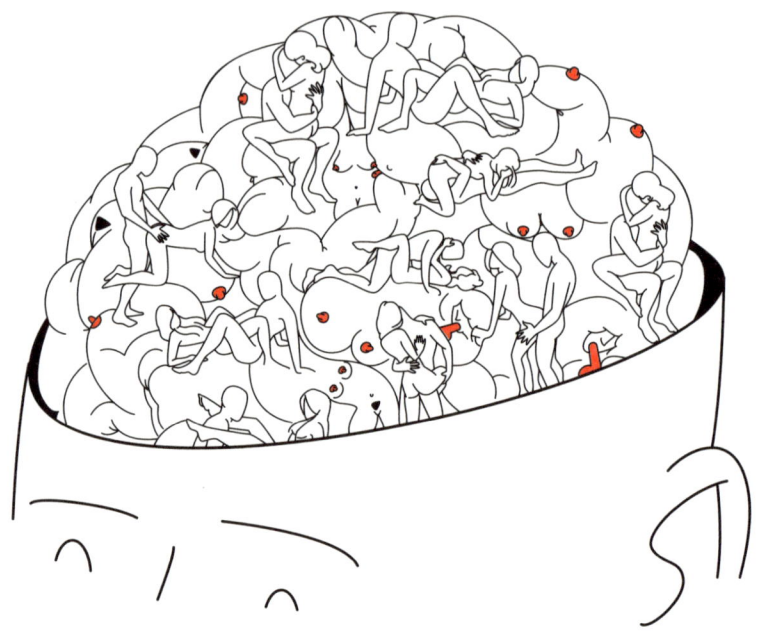

DAS BUCH
ZEHNTAUSEND JAHRE SEX
ERSCHEINT

~

Die Sumerer waren überzeugte und leidenschaftliche Spanner: Ein Mann werde reich und glücklich, dachten sie, wenn er seiner Frau nur lange genug auf die Vulva starre. Im Reich der Etrusker idealisierten Künstler ausgelassene SM-Partys – 600 Jahre vor Christus und 2600 Jahre vor *Shades of Grey*. Im alten China empfahlen Ärzte müden Frauen Analsex. Im indischen Kamasutra sind acht verschiedene Techniken empfohlen, dem Liebespartner den Rücken zu zerkratzen. Die Mönche des

Mittelalters interessierten sich überraschend stark für den Gebrauch von Umschnalldildos, und in der Renaissance war es der Frauen Recht, in einer Nacht mindestens viermal befriedigt zu werden.

Beschäftigt man sich mit der 10 000 Jahre alten Geschichte der Sexualität, errötet man leicht und fragt sich, in was für einer Welt und Zeit wir eigentlich leben. Sind wir wirklich so aufgeklärt, abgeklärt und sexuell kompetent, wie wir gern denken? Oder doch eher, wie eine populäre These besagt, »oversexed and underfucked«: wissen über alles Bescheid, werden ständig bombardiert mit Sex – trauen uns aber nichts? In diesem Sinne wäre auch dieses Buch Teil des Problems, weil es dem unendlichen mentalen Mosaik aus Brüsten, Penissen und Beinen, Sexclips, Bildern, Anekdoten und Selbsthilfetipps nur einige weitere Pornopixel hinzufügt. Die Geschichte der Zivilisation ist eben kein linearer Prozess, in dem alles immer krasser, größer, länger und geiler wird.

Die westliche Welt des frühen 21. Jahrhunderts ist zutiefst widersprüchlich. Die alten Sittenwächter sind tot. Kein Pfarrer predigt mehr, mit wem und wie oft und auf welche Art und Weise man schlafen darf, muss oder kann. Auf Tinder findet man in wenigen Sekunden einen Partner für die Nacht oder für das ganze Leben. Der Otto-Versand liefert Peitschen und Handschellen bequem und mit Overnight-Express nach Hause. Und wer will, kann sich auf den entsprechenden Partys in Berlin mit einem Dildo penetrieren lassen, der aus tiefgefrorenem Kot geformt ist. Aber nur weil alles möglich ist, ist noch lang nicht alles gut.

In internationalen Umfragen erklären über die Hälfte der Befragten, mit der eigenen Sexualität unzufrieden zu sein. In Japan spielt Sex für 20 Prozent der jungen Männer und fast die Hälfte der jungen Frauen keine Rolle mehr. In den späten 1960er-Jahren feierte das Mainstreamkino im Film wie *Die Reifeprüfung* und dann, ja, irgendwie schon, in *Eis am Stiel* die Erotik. Wenn heute in Filmen wie *Shame* oder *Nymphomaniac* explizite Sexszenen gezeigt werden, sind die Beteiligten entweder sexsüchtig, traumatisiert oder innerlich abgestorben – in jedem Fall ein Fall für Arzt oder Staatsanwalt. Man hat nicht den Eindruck, dass die Gegenwart die lustvollste aller möglichen Welten ist.

Dieses Buch zeigt, dass die Menschheit schon immer oversexed war. Der *Homo sapiens* interessiert sich seit 10 000 Jahren auf fast manische Weise für seine Sexualität. Er hat Pornoporträts in Höhlenwände geritzt, Sexsprüche auf Papyrus versandt und sich seltsame Gebote, Verbote und Stellungen ausgedacht. Sex war immer sehr viel mehr als das bloße Zusammenstecken der Geschlechtsteile zu Reproduktionszwecken. Er will mit dem Alltag, dem eigenen Selbstbild und den geltenden Moralvorstellungen nichts zu tun haben. Das ist auch der Grund, warum sich die Menschen immer wieder für den Sex verkleidet haben, im Zweistromland, im alten Ägypten, in Venedig und im Berlin der 1920er-Jahre. In der Maskerade kann man sich vor dem langweiligen und unerbittlichen Alltags-Ich verstecken. Noch in den 1970er-Jahren verwendete man die Formel »Ich habe mich vergessen«, wenn man sich für einen Abend, der etwas außer Kontrolle geraten war, entschuldigen wollte. Der Mensch der Gegenwart aber will sich nicht mehr vergessen. Im Gegenteil: Er will sich ganz verstehen, er will immer kontrolliert und vernünftig sein, er lässt einen Computer Buch führen über die gegangenen Schritte (hoffentlich viele) und die gegessenen Kalorien (hoffentlich wenige). Guter Sex ist ohne Kontrollverlust aber nicht denkbar. Der größte Gegner der Lust sitzt heute nicht im Lehrerzimmer, im Sittendezernat oder im Pfarrhaus – sondern in unseren eigenen Köpfen. Sex hat nichts verloren in einer Reihe mit Genussmitteln wie Massagen, Whiskey oder Drei-Gänge-Bio-Menüs. Es gibt keine Befriedigungsgarantie, keine Rückgabeklausel, kein Strg-z. Gilgamesch verschmähte die Sexgöttin Inanna, sie brachte dafür seinen besten Freund um. Selbst Casanova blitzte ab und an ab. Die Menschen, die im Bett glücklich wurden, waren immer diejenigen, die wussten, dass eine Niederlage möglich ist – und die trotzdem weitermachten. Die Heldinnen und Helden der Liebe haben alles vom Leben und vom Sex verlangt (und manchmal für ein Stündchen mit dem geliebten Partner das eigene Leben riskiert). Von diesem Mut kann man sich viel abschauen.

Dieses Buch hat 100 Kapitel und erhebt selbstverständlich keinen Anspruch auf Vollständigkeit. Ganz sicher aber fehlen die Anekdoten, die erst noch er- und gelebt werden müssen. Insofern ist dieses Buch eine Handlungsaufforderung. Die Geschichte der Sexualität ist niemals zu Ende. In diesem Feld ist jeder Mensch ein Autor, der die Kulturgeschichte um seine eigenen seltsamen, verrückten, verwirrenden, großen und großartigen Abenteuer erweitern kann.

LITERATURVERZEICHNIS

~

~ Adam, Christian: *Lesen unter Hitler. Autoren, Bestseller, Leser im Dritten Reich.* Frankfurt am Main 2013.

~ Alberto, Angela: *Liebe und Sex im alten Rom.* München 2014.

~ Aldrich, Robert: *Gleich und anders. Eine globale Geschichte der Homosexualität.* Hamburg 2007.

~ Alkiphron: *Aus Glykeras Garten. Briefe von Fischern, Bauern, Parasiten, Hetären.* Leipzig 1982.

~ Beecher, Jonathan: *Charles Fourier. The Visionary and His World.* Berkeley 1990.

~ Bering, Jesse: *PERV. The Sexual Deviant in All of US.* New York 2013.

~ Berlatsky, Noah: *Wonder Woman. Bondage and Feminism in the Marston/Peter Comics, 1941–1948.* New Brunswick 2015.

~ Boccacio, Giovanni: *Das Dekameron.* München 2008.

~ Boeheim, Wendelin: *Handbuch der Waffenkunde. Das Waffenwesen in seiner historischen Entwickelung vom Beginn des Mittelalters bis zum Ende des 18. Jahrhunderts* (= Seemanns kunstgewerbliche Handbücher. Bd. 7). Leipzig 1890 (Nachdruck, Wiesbaden 1985).

~ Bourget, Steve: *Sex, Death, and Sacrifice in Moche Religion and Visual Culture.* Austin 2006.

~ Both, Charlotte: *In Bed with the Ancient Egyptians.* Stroud 2015.

~ Buse, Gundhild: *…als hätte ich ein Schatzkistlein verloren. Hysterektomie aus der Perspektive einer feministisch-theologischen Medizinethik.* Univ. Diss., Westfalen 2002.

~ Casanova, Giacomo Girolamo: *Aus meinem Leben.* Stuttgart 2010.

~ Classen, Albrecht: *The Medieval Chastity Belt. A myth making process.* New York 2007.

~ Dabhoiwala, Faramerz: *Lust und Freiheit. Die Geschichte der ersten sexuellen Revolution.* Stuttgart 2014.

~ Dillig, Annabel: *Diesen Partner in den Warenkorb legen.* München 2012.

~ Djerassi, Carl: *Der Schattensammler. Die allerletzte Autobiografie.* Innsbruck 2013.

~ Eder, Franz X.: *Kultur der Begierde: Eine Geschichte der Sexualität.* München 2001.

~ Ekaterina (Rossija, Imperatrica, II.): *Memoiren der Kaiserin Katharina II. Von ihr selbst geschrieben.* Hannover 1859.

~ Estupinya, Pere: *Sex – die ganze Wahrheit.* München 2014.

~ Feki, Shereen El: *Sex und die Zitadelle. Liebesleben in der sich wandelnden arabischen Welt.* Aus dem Englischen von Thorsten Schmidt. München 2013.

~ Flaubert, Gustave: *Reise in den Orient.* Aus dem Französischen von Reinhold Werner und André Stoll. Frankfurt am Main/Leipzig 1996.

~ Fourier, Charles: *Aus der neuen Liebeswelt.* Berlin 1977.

~ Fuchs, Eduard: *Illustrierte Sittengeschichte.* Band 6. Frankfurt am Main 1985.

~ Gebhardt, Manfred: *Die Nackte unterm Ladentisch. Das Magazin in der DDR.* Berlin 2002.

~ Gimbutas, Marija: *The Goddesses and Gods of Old Europe. Myths and Cult Images.* Berkeley 2007.

~ Gordon, Mel: *Voluptuous Panic.* Port Townsend 2006.

~ Gott: *Die Bibel.* Stuttgart 1991.

~ Gould, Terry: *The Lifestyle. A Look at the Erotic Rites of Swingers.* Toronto 2010.

~ Grimme, Matthias T. J.: *Das SM-Handbuch.* Hamburg 2014.

~ Grimmelshausen, Hans Jakob Christoffel von: *Der Abentheuerliche Simplicissimus.* Teutsch. Magdeburg 1810.

~ Guérin, Daniel: *The Brown Plague. Travels in Late Weimar and Early Nazi Germany.* Durham 1994.

~ Gulik, Robert H. van: *Sexual Life In Ancient China.* New York 1996.

~ Haas, Volkert: *Babylonischer Liebesgarten. Erotik und Sexualität im Alten Orient.* München 1999.

~ Haden-Guest, Anthony: *The Last Party: Studio 54. Disco, and the Culture of the Night.* New York 2015.

~ Hanske Paul-Philipp/Sarreiter, Benedikt: *Neues von der anderen Seite. Die Wiederentdeckung des Psychedelischen.* Berlin 2015

~ Henning, Jean-Luc: *Der Hintern. Geschichte eines markanten Körperteils.* Köln 1998.

~ Hermanni, Horst O.: *Das Film ABC.* Band 5. Von La Jana bis Robert Mulligan. Norderstedt 2011.

~ Herrmann, Ingo: *Casanova. Der Mann hinter der Maske. Die Biographie.* Berlin 2010.

~ Holt, Jim: *Kennen Sie den schon? Geschichte und Philosophie des Witzes.* Reinbeck 2015.

~ Hunink, Vincent: *Glücklich ist dieser Ort. 1000 Graffiti aus Pompeji.* Stuttgart 2013.

~ Illouz, Eva: *Warum Liebe wehtut.* Berlin 2013.

~ Jampol, Justinian: *Beyond the Wall. Art and Artifacts from the GDR.* Köln 2014.

~ Jütte, Robert: *Lust ohne Last. Geschichte der Empfängnisverhütung.* München 2003.

~ Köllner, Erhard: *Homosexualität als anthropologische Herausforderung. Konzeption einer homosexuellen Anthropologie.* Bad Heilbrunn 2001.

~ Langhans, Rainer: *Ich bin's. Die ersten 68 Jahre.* Berlin 2008.

~ Laqueur, Thomas W.: *Die einsame Lust. Eine Geschichte der Selbstbefriedigung.* Berlin 2008.

~ Lepore, Jill: *The Secret History of Wonder Woman.* New York 2014.

~ Maines, Rachel P.: *The Technology of Orgasm. ›Hysteria‹, the Vibrator, and Women's Sexual Satisfaction.* Baltimore 1999.

~ Manniche, Lise: *Liebe und Sexualität im alten Ägypten.* München, Zürich 1988.

~ Marino, Di Vincent/ Lepidi, Hubert: *Anatomic Study of the Clitoris and the Bulbu-Clitoral Organ.* Heidelberg/Dodrecht/London/New York 2014.

~ Mathieu, Paul: *Sex Pots. Eroticism in Ceramics.* New Brunswick/New Jersey 2003.

~ Meyer-Zwiffelhoffer, Eckhard: *Im Zeichen des Phallus. Die Ordnung des Geschlechtslebens im antiken Rom.* Frankfurt/New York 1995.

~ Meyhöfer, Annette: *Eine Wissenschaft des Träumens. Sigmund Freud und seine Zeit.* München 2006.

~ Morey, Midori und Craig: *The Seductive Art of Japanese Bondage.* Eugene 2001.

~ Muchembled, Robert: *Die Verwandlung der Lust. Eine Geschichte der abendländischen Sexualität.* München 2008.

~ Nefzaui, Scheik: *Der duftende Garten oder die Liebeskunst im Orient.* Wolfenbüttel 2008.

~ Nefzaui, Scheik: *Der duftende Garten.* Altenmünster 2012.

~ Neiske, Franz: *Europa im frühen Mittelalter. Eine Kultur- und Mentalitätsgeschichte.* Darmstadt 2006.

~ Nelson, Sarah Millege: *Handbook of Gender in Archaeology.* Lanham 2006.

~ Nomis, Anne O.: *The History and Arts of the Dominatrix.* Hampshire 2013.

~ Ovid: *Ars amatoria.* Stuttgart 1982.

~ Petron: *Satyricon.* Stuttgart 1968.

~ Quignard, Pascal: *Sexualität und Schrecken.* Zürich 2015.

~ Ranke-Rippchen, Roland: *Das böse Bibel-Buch.* Löhrbach 1991.

~ Rätsch, Christian: *Urbock. Bier jenseits von Hopfen und Malz.* München 2009.

~ Reinhardt, Volker: *De Sade oder: die Vermessung des Bösen.* München 2014.

~ Robert Muchembled: *Die Verwandlung der Lust. Eine Geschichte der abendländischen Sexualität.* München 2005.

~ Ryan, Christopher/Calcida, Jetha: *Sex at Dawn. How We Mate, Why We Stray, and What It Means for Modern Relationships.* New York 2011.

~ Sacher-Masoch, Leopold von: *Venus im Pelz.* Berlin 2015.

~ Sacher-Masoch, Wanda von: *Meine Lebensbeichte. Memoiren.* Berlin/Leipzig 1906.

~ Sade, Donatien Alphons François Marquis de: *Die 120 Tage von Sodom.* Köln 2003.

~ Schaake, Erich: *Die mit dem Führer tanzten. Wie Frauen Hitler zur Macht verhalfen.* Lacanau-Océan 2013.

~ Schnabl, Siegfried: *Mann und Frau intim. Fragen des gesunden und des gestörten Geschlechtslebens.* Berlin 1971.

~ Sharpley-Whiting, Tracy D.: *Pimps Up, Ho's Down.* New York 2007.

~ Siems, Andreas Karsten: *Sexualität und Erotik in der Antike.* Darmstadt 1994.

~ Sigmund, Anna Maria: *Die Frauen der Nazis.* München 2013.

~ Speed, Timothy: *Verdammt Sexy. Die Mediengestalter in der Krise.* Norderstedt 2014.

~ Steidele, Angela: *In Männerkleidern. Das verwegene Leben der Catharina Margaretha Linck alias Anastasius Lagrantius Rosenstengel, hingerichtet 1721. Biografie und Dokumentation.* Köln 2004.

~ Steinbacher, Sybille: *Wie der Sex nach Deutschland kam. Der Kampf um Sittlichkeit und Anstand in der frühen Bundesrepublik.* München 2011.

~ Streusalzwiese, Hans-Hubert: *Monologisches Gebrabbel eines nihilistischen Exhibitionisten.* Norderstedt 2011.

~ Surén, Hans: *Mensch und Sonne. Arisch-olympischer Geist.* Berlin 1936.

~ Toobin, Jeffrey: *A Vast Conspiracy. The Real Story of the Sex Scandal that nearly brought down a President.* New York 2000.

~ Traub, Ulrike: *Theater der Nacktheit. Zum Bedeutungswandel entblößter Körper auf der Bühne seit 1900.* Bielefeld 2010.

~ Uhse, Beate: *Mit Lust und Liebe. Mein Leben.* Berlin 1997.

~ Ulshöfer, Helmut: *Liebesbriefe an Adolf Hitler. Briefe in den Tod. Unveröffentlichte Dokumente aus der Reichskanzlei.* Frankfurt am Main 2008.

~ Vatsyayana: *Das Kamasutra. Mit Umzeichnungen von indischen Miniaturen des 18. und 19. Jahrhunderts.* St. Gallen 2006.

~ Verdon, Jeans: *Irdische Lust. Liebe, Sex und Sinnlichkeit im Mittelalter.* Darmstadt 2011.

~ Vogel, Lothar: *Alte hallesche Geschichten 2.* Berlin 2013.

~ Weidinger, Alfred: *Kokoschka und Alma Mahler. Dokumente einer leidenschaftlichen Begegnung.* München 1996.

~ Zanichelli, Elena: *Privat – bitte eintreten! Rhetoriken des Privaten in der Kunst der 1990er-Jahre.* Bielefeld 2013.

IMPRESSUM

~

Redaktionsleitung
Nansen & Piccard
www.nansenundpiccard.de

~

Art Direktion
Daniel Pietsch

~

Autoren
Vera Bachmann
Paul-Philipp Hanske
Barbara Höfler
Heike Kottmann
Pauline Luisa Krätzig
David Mayer
Michael Moorstedt
Tobias Moorstedt
Jakob Schrenk

~

Lektorat
André Pleintinger

~

Illustration
Jörg Dommel

~

Dokumentation und Schlussredaktion
Julei M. Habisreutinger

~

~